미 대륙의 항일무장투쟁론자
박용만

미 대륙의
항일무장투쟁론자
박용만

김도훈 지음

박용만은 이승만·안창호와 더불어 미주한인사회의 3대 지도자이자 한평생 항일무장투쟁론과 임시정부건설론을 주창했던 인물로서 재미한인사회에서는 아직도 그를 기억하고 기리는 사람들이 있다. 민족운동사 관점에서 볼 때, 박용만의 영향력은 비단 재미한인사회뿐 아니라 국내를 비롯한 해외한인사회에도 적지 않은 영향을 끼쳤다. 1908년 그가 설립한 한인소년병학교는 군인양성운동의 시발점이자 한평생 추구하였던 독립운동방략이었다. 또한 1911년부터 설파한 '무형국가론無形國家論'은 한인 최초의 임시정부 건설론으로서 대한인국민회를 1910년대 임시정부로 기능하게 하였고, 1917년 대동단결선언을 거쳐 1919년 대한민국임시정부 수립까지도 영향을 미쳤다. 따라서 박용만의 생애와 민족운동, 정치사상에 관한 연구는 그동안 공백에 빠져 있던 1910년대 한국민족운동의 흐름과 전략이 어떻게 수립되고 전개되었는가를 밝힐 수 있는 중요한 열쇠이다.

이러함에도 박용만에 관한 연구는 10여 편이 채 되지 않는 정도이고, 그나마 전 생애를 다룬 글은 김현구金鉉九의 『우성유전又醒遺傳』과 방선주의 「박용만평전」 등 두 세 편 정도에 그치고 있다. 박용만에 대한 연구가 부진한 이유는 무엇 때문이었을까. 첫째, 의형 이승만과의 만남이 1910년 중반 이후 정적政敵으로 바뀌면서 1990년대 중반까지 국내에서는 박용만의 이름조차 거론할 수 없었던 정치적인 현실, 둘째, 국민대표회의 이후 임시정부를 부인하며 독자적으로 둔전병제에 바탕한 무장항일투쟁노선을 고수한 결과 독립운동계 내에서도 비주류로 남을 수밖에 없었던 일, 마지막으로 말년에 국내로 밀입국한 이유를 채 해명도 못하고 의문의 죽음을 맞이하여 친일논란에서 자유롭지 못한 것이 그 원인이 아닌가 한다.

박용만의 일대기를 가장 먼저 다룬 글은 『우성유전』으로서, 이 책은 해방 이후 1960년 중반 사이에 쓰여진 것으로 알려져 있다. 이 글의 저자 김현구는 시베리아와 유럽을 거쳐 1909년 미국으로 건너와 박용만이 설립한 네브래스카 주 한인소년병학교에 입교한 인물이다. 때문에 『우성유전』은 기본적으로 반이승만, 친박용만의 입장에서 우성의 생애를 다루고 있긴 하지만, 박용만을 연구하는 사람에게는 박용만 연구의 길라잡이이자 기본서로서 반드시 인용되곤 한다. 그러나 『우성유전』은 상당한 세월이 지난 후 들은 이야기와 기억에 의존해 쓰여진 탓인지 사실(fact) 관계를 일일이 확인해야 할 정도로 많은 오류가 발견되는 아쉬움이 있다. 특히 미국으로 가기 전 박용만의 행적은 더욱 그러하다.

박용만의 출생연도와 출생장소, 숙부에게 위탁한 이유, 숙부 박희병의 이명 박장현 사용시기, 박희병의 운산금광 근무설과 선천의 사립학교 설립설, 박용만의 장녀 동옥의 병사설, 독립협회 발기인설, 게이오기주쿠慶應義塾 재학 여부, 상동교회 관련기록, 소련과의 밀약설, 국내 밀입국 기록, 미국정보원설, 총독면담설 등이 그 예이다.

조선총독을 역임한 『사이토문서齋藤實文書』에 실린 「조선독립운동의 근원」 등의 자료에도 박용만이 이승만·정순만과 더불어 독립협회 발기인으로 묘사되어 있고, 해방 후인 1947년 3월 간행된 『한국독립당 삼균제도 전석』에도 박용만을 비롯한 이승만·정순만이 독립협회를 조직한 것으로 기록하고 있으며, 기타 다른 글에서도 이를 반복하거나 증언하고 있다. 그러나 박용만이 1895년 관비유학생으로 일본으로 유학한 뒤 1901년 귀국한 점을 염두에 두면, 이 기록들은 후일 옥중에서 만나 의형제의 연을 맺은 박용만·이승만·정순만 등 이른바 '3만'에 대한 전언傳言들이 부풀려져 나온 평가로 보인다. 사실이 이러함에도 방선주 교수의 논문을 제외한 대부분의 경우, 『우성유전』에 언급된 사실에 관해 자료 검토를 하지 않은 채 그대로 인용함으로써 박용만의 행적은 사실史實이 아닌, 설화로 내려오는 듯한 오류를 그대로 반복하고 있다.

필자가 이 책을 쓰면서 가장 주안점을 둔 것은 정확한 사실 확인과 복원이다. 행적 하나하나를 따져 바로 잡아 수정하려 하였으나, 때론 확신할 수 없는 경우도 있어 다 바로 잡지는 못하였다. 그럴 경우, 기존의 설을 따르는 아쉬움도 있다. 이 책에서 바로 잡지 못한 사실관계는 여력이 닿는 대로 평전 형태로 보완하고자 한다. 박용만에 관심을 가진 지는 이미 20여 년이 지났건만, 게으름 탓에 아직도 그의 일대기조차 제대로 복원하지 못하는 한심함은 말로 표현할 수 없다. 부끄러운 마음뿐이다.

이 글을 쓰던 중 박용만 사위인 이용화의 따님 이숙자 여사, 박용만의 외숙 김덕일의 4대손 한애라 선생 등을 만나 박용만 가족의 행적에 관해 귀중한 자료와 증언을 들을 수 있는 행운도 있었다. 두 분께 지면을 빌어 감사의 마음을 전한다. 그리고 아직 탈고되지 않은 원고를 선뜻 건네준 김도형 선생에게도 깊이 감사한다.

2010년 가을에

김 도 훈

1
가계와 국내활동

가계 그리고 가족 | 박용만은 밀성 박씨密城朴氏 충헌공忠憲公 양산공파楊山公派 후손으로 1881년(고종 18) 음력 윤 7월 2일 강원도 철원군 철원읍 중리 109번지에서 태어났다. 충헌공은 고려 충선왕으로부터 시호를 받은 박척朴陟이며, 양산공은 충헌공의 10세손 박언성朴彦誠이다. 양산공파가 철원에 정착하게 된 계기는 1545년(인종 원년)에 일어난 을사사화 때문이었다. 을사사화 당시 박언성이 난을 피해 철원 지역으로 이주하자, 그의 세 아들 희립義立·예립禮立·의립義立이 부친을 파조派祖로 양산공파를 형성하였으며, 이후 그 후손들이 강원도 철원과 경기도 포천군 관인면 일대에 정착하여 약 450여 년간 살고 있다. 따라서 박용만은 충헌공파 24세손, 양산공파 15세손이 된다. 그러나 족보상 그의 선조가 여타 벼슬을 했던 기록이 없는 점으로 보아 철원 이주 후 은거하며 빈한한 양반 가문으로 살았던 것 같다. 때문에 일제의 정보보고에는 그의 신분을 '상민'으로 파악하고 있다.

척陟 - 성진成進 - 원元 - 윤문允文 - 대양大陽 - 응鷹 - 겸형謙亨 - 시로
時露 - 자화自華 - 언성彦誠 - 예립禮立 - 성열聖說 - 순경順慶 - 석주奭柱
- 흥차興次 - 귀동貴東 - 구求 - 도상道常 - 장민長民 - 효선孝先 - 면회冕會
- 승규承圭 - 선병善秉 - 용만容萬

조부 승규는 슬하에 장남 선병善秉과 차남 희병羲秉을 두었는데 선병은 박
용만의 부친이고 희병은 숙부로서 훗날 박용만 청장년기 정치사상 형성
에 큰 영향을 끼친 인물이다. 박선병의 자는 영오英吾로서 1851년(철종 2)
1월 27일 출생하여 을사조약이 강제 체결되기 7개월 전인 1905년 4월
21일 사망하였으며, 박용만의 모친은 경주 김씨 경혁敬赫의 딸로서 1850
년 8월 1일 태어났다. 박희병은 신미양요가 일어나던 1871년(고종 8) 6
월 20일 태어나 1907년 6월 10일 37세의 나이로 미국 덴버에서 위암으
로 사망하였으며, 인동 장씨(1869. 11. 5. 출생)와 결혼하여 장남 용준容駿
과 차남 용기容驥를 두었다.

　박용만은 김해 김씨(1879. 10. 3~?)와 결혼하여 1905년 또는 1906년
경 딸 동옥東玉을 낳았다. 어려서 병사한 것으로 알려진 동옥은 독립운동
가 이용화李容華를 만나 결혼하여 1921년경 이영희를 낳았다.

　1921년 9월 중국 베이징에서 중국 여인 웅씨熊氏와 결혼한 박용만은
1921년 여름 이전 한국에서 노모와 처, 장녀 동옥을 데리고 와 베이징
에서 함께 생활하였다. 그러던 중 그의 처 김씨가 병으로 사망한 데 이
어, 딸 동옥 역시 산후후유증을 앓다가 1926~1927년경 끝내 사망하고

11

말았다.

　사위 이용화는 상배喪配한 지 7~8년 후인 1934년경 애국부인회 회장을 역임하였던 독립운동가 최경선과 재혼하였다. 이용화-최경선 부부는 재혼 당시 슬하에 각기 딸 이영희와 아들 이홍근(1928년생)이 있었으며, 재혼 후 1939년 이들 사이에서 태어난 이가 바로 이숙자다.

　외손녀 이영희는 해방 전까지 베이징에서 아버지와 송백현(충남 서산 출신)이 운영하던 개명극장에서 일을 하였으며, 외국어와 타이핑에 능하였다 한다. 해방 후 가족과 함께 귀국한 그녀는 빈털터리로 온 까닭에 가족의 생계를 꾸리기 위해 중국인사업가 저우이관周儀寬의 비서 겸 타이피스트로 취직하였다. 이것이 인연이 되어 6·25전쟁으로 부산에서 피난살이하던 중, 저우이관과 결혼하였다. 그 후 1952년경 남편을 따라 일본으로 이민하였으나, 지금은 소식이 끊긴 상태이다. 한편, 박용만은 웅씨와의 사이에 아들 광원光遠을 두었으나, 중일전쟁 후 베이징 지역에서 행방불명된 것으로 전해진다.

　박용만의 집안 중 6대조 이하 후손 중에는 4명의 독립운동가가 배출되었다.

　먼저 박용만의 8촌 박용각朴容珏이다. 박용만의 종증조부인 성회性會의 증손인 그는 1919년 3·1운동이 일어나자, 만세시위에 참가한 뒤 중국 상하이로 망명하여 대한민국임시정부 임시의정원 강원도 의원을 역임하였다. 그러나 1921년 대한민국임시정부 대통령 이승만이 미국에 위임통치를 청원하자, 이에 반대하여 성토문을 작성하면서부터 대한민국임시정부와 노선을 달리하기 시작하였다. 1925년 대한청년동맹회大韓靑

이용화(1890. 9. 9~1980. 9. 24)

충북 음성 출신. 이명은 이중실李仲實, 호는 백원
白圜이다. 본인의 증언과 자필이력서에 의하면 한말
원주친위대 부관이었던 부친을 따라 원주에서 어린
시절을 보냈으며 그곳에서 의병대장 민긍호閔肯鎬에
게 한문을 사사받는 한편, 프랑스인 피에르 신부를
만나 영어와 프랑스어·신식학문을 익혔다. 피에르
신부가 함남 원산으로 전근할 때, 함께 가 성당에서
사무일을 보았으며 이즈음 안중근의 동생 안공근·
안정근 형제를 만났다 한다. 1910년 경술국치 후 피에르 신부가 친일노선으로
전향하자 블라디보스토크로 망명한 뒤 1911년 보스토카·인스트튜트대학 도
서관에 취직하여 1920년까지 한국관계정보 러시아어 번역 및 서류정리 책임
을 맡았다. 그는 영어·프랑스어를 배웠기 때문에 쉽게 러시아어도 배울 수 있
어 많은 러시아인과 친하였다. 때문에 무기를 구입하려는 독립군들이 그를 자
주 찾았다. 주로 체코제 무기를 취급하였던 그는 시베리아 주둔 체코군과 교섭
하여 이를 독립군에게 제공하였고 이 체코제 무기가 바로 청산리전투에 쓰였다
고 한다.

1920년 이후 만주와 북중국 일대에서 신덕영申德永 등과 함께 군자금 모집
과 무기 구입 활동을 하였다. 1924년 산서성 태원太原에서 안창남安昌男 등과 비
행학교 설립계획을 세우고, 흑룡강성 지역에 기지건립을 추진하는 한편, 이에
필요한 군자금 모집을 위해 최양옥崔養玉 등을 국내로 파견하였으나 일본경찰에
피체되어 실패하였다.

그가 박용만과 관계를 맺게 된 것은 1913년경으로 짐작된다. 그 해 10월 19
일 병을 치료하기 위해 하와이로 건너와 와일리아병원에서 오래전부터 앓아오
던 폐병을 치료받은 후 1914년 7월 귀국하였다. 그의 딸 이숙자 여사의 증언
에 의하면 박용만이 이용화에게 처와 딸을 돌봐 줄 것을 부탁하였다고 하는데,
이를 계기로 박용만의 사위가 된 것이 아닌가 여겨진다. 1923년 이후 그가 베
이징에서 생활할 당시, 한인요리업자 윤영덕尹永德의 요리집 방장으로 취직하면
서 박용만 일가의 생활비를 충당하는 한편, 박용만의 독립운동을 옆에서 도왔
다. 그러나 그의 이력서 및 증언 어디에도 박용만과 관련된 기록은 보이지 않고
있다.

| 1951년 9월 10일 피난시절 부산에서 찍은 이영희와 동생 이홍근의 모습

年同盟會 후보 집행위원으로 활동하는 한편, 의열단義烈團 단원으로 무장투쟁을 전개하던 그는 1926년경 의열단 방침에 따라 중국군관학교에 입교하여 조선인 간부훈련단에서 훈련을 마치고 활동하였다. 이후 의열단과 함께 중국의 베이징·난징南京 등지로 근거지를 이동하면서 중국의 장개석이 이끄는 국민당 지원 속에 조선혁명간부학교를 설립하여 1935년까지 청년투사들을 양성하며 중국 관내지역 독립운동의 선봉에 섰다. 해방 후 귀국한 뒤, 1957년 사망하였다.

다음으로 박용각의 친동생 용철春喆이다. 그는 1919년 철원농업학교 재학 중 3·1운동이 일어나자, 경고문과 호소문 등을 배포하며 군청 앞 등에서 만세시위를 하다가 일본 경찰에 체포되었으나, 나이가 어린 탓에 그 해 9월 무죄로 풀려났다. 1922년 4월 중국 상하이로 망명한 그는 상하이청년동맹회에 가입하였고, 1924년 11월경에는 같은 단체의 후보 집행위원으로 선출되어 활동하였다. 1927년 3월 상하이에서 한인청년회가 결성되자 감사위원으로 선임되어 임시정부 지원 활동을 펼쳤으며, 1931년 12월에는 대한민국임시정부 임시의정원 강원도 의원으로 활동하였다. 이즈음 김구의 지시로 이봉창의거에 필요한 거사자금과 연락 임무를 맡기도 하였다. 1934년에는 중국 항저우에서 한국독립당 당원으로 활동하면서 기관지 『진광震光』 발행에 참여하기도 하였다. 해방후 임시정부 주석 김구에게서 국내 연락 대표로 위임되었고, 이청천 장군이 광복군주호공작의장光復軍駐滬工作議長으로 임명하자, 이듬해인 1946년 여름 귀국하였다.

마지막으로 건병健秉을 들 수 있다. 박용만의 7대조 작은 할아버지 도

철도鐵道의 6세손인 박건병은 3·1운동 직후인 1919년 8월 강원도 철원에서 김상덕 등과 함께 일명 '철원애국단'으로 불렸던 대한독립애국단을 조직하여 학무과장에 선임되어 임시정부 지원활동을 전개하였다. 그러던 중, 같은 해 10월 전단을 작성하여 철원면 일대에 배포하고 만세시위를 주도하였다. 그 후 중국 상하이로 망명하여 1920년 1월 대한민국임시정부 임시의정원 강원도 의원으로 선출되어 활동하였으나, 곧바로 이승만 탄핵을 둘러싸고 전개된 임시정부의 노선에 반발하여 1921년 4월 베이징 교외에서 개최된 군사통일회의軍事統一會義에서 국민대표회國民代表會 주비위원籌備委員으로 선임되어 그 해 9월 상하이에서 개최된 국민대표회에 참석하는 등 박용만과 뜻을 같이 하였다. 그 후 1925년 6월에는 베이징에서 조남승趙南升 등과 함께 선두자사先頭者社 명의로 「중국국민의 구국구족운동에 당하여 우리 2천만 형제자매에게 고함」이라는 항일선전물을 배포한 데 이어 1926년 10월에는 한국독립유일당북경촉성회집행위원, 1928년 5월 만주 화티엔樺甸과 판스盤石에서 개최된 전민족유일당조직회에 참석하는 등 중국 관내 및 만주지역 항일운동단체들의 통합을 위하여 노력하다가 1932년 1월 괴한에 의해 피살되었다.

1967년 4월 철원애국선열기념사업회의 주최로 애국선열추모비 제막식이 거행되었는데, 그 비에는 15인의 애국지사 중 우성을 비롯한 박건병·박용각·박용철 등 박씨 일가 4인의 이름이 올라 있다. 다만, 도철 계열의 후손 박의병朴義秉이 중추원 참의를 역임하는 등 가문 내 친일행위자로 오명을 남겼다.

| 1932년 1월 『동아일보』에 실린 박건병의 사망기사

성장과 숙부 박희병의 영향

얼굴은 길고 구릿빛을 띠었으며, 키는 크고 체격이 좋았다던 박용만은 어릴 적부터 적극적이고 괄괄한 성품을 지녀 실력으로 모든 일을 해내려는 적극성을 보였고, 한문에도 능통하여 통감 105행을 줄줄 외워 주위를 놀라게 했으며 동네 백일장에 나가면 늘 장원을 했다. 1920년 박용철이 상하이에서 만났을 당시, 마흔의 나이에도 불구하고 그는 사서삼경을 암송할 수 있다고 자신하였다 한다.

17

| 『우성유전』의 저자 김현구

『우성유전』에 의하면 박용만은 어린 시절 부친을 여읜 까닭에 숙부 박희병 슬하에서 성장하였다고 한다. 그러나 그의 부친이 사망한 것은 그의 나이 25세인 1905년 4월이었다. 따라서 그가 어린 시절부터 숙부와 함께 생활한 것은 부친을 일찍 여의었기 때문이 아니라 부친이 아들에게 근대 교육을 시키기 위해 개화파 인사였던 동생 박희병(일명 박장현)에게 위탁한 것으로 생각된다. 그가 열 살 터울의 숙부 박희병 슬하에서 함께 생활하기 시작한 것은 13살 때인 1893~1894년경이다. 이때부터 약 12~13년간 숙부와 함께 생활하며 동거동락한 탓에 박희병의 개화사상과 문명개화론에 깊은 영향을 받고 흠모하였다. 그 반증이 바로 우성又醒이라는 그의 호號다. '우성'이라 한 까닭은 숙부의 호가 '성촌醒村'이었는데, 숙부를 닮고픈 마음에서 앞 글자 '성醒'을 본따 자신 또한 성촌이 될 것이라는 의미에서 지은 것이라 한다.

그렇다면 박희병은 어떤 인물인가? 박희병은 서울에서 관립영어학교를 졸업한 후 1895년 관비유학생으로 일본에 유학하여 어윤적魚允迪·박용화朴鏞和 등 12명과 함께 정부의 주선으로 게이오기주쿠에 입학하였으며, 윤치오尹致昨 등과 함께 대조선유학생친목회를 조직하여 활동하기도 하였다. 1895년 일본으로의 유학생 파견은 갑오개혁의 일환으로 추진되었으며, 게이오기주쿠는 개화파들에게 지대한 영향을 끼쳤던 일본의 사상가 후쿠자와 유키치福澤諭吉가 설립한 학교였다. 따라서 박희병은 일본유학 시절, 일본의 대표적인 문명개화론자인 후쿠자와의 영향을 받았을 것이다.

1896년 후일 의친왕으로 봉해지는 이강李堈 공과 함께 도미한 박희병은 버지니아 주 로아노크Roanoke 대학에서 2년간 수학하였다. 로아노크대학은 미국 수도인 워싱턴보다 훨씬 남쪽에 위치한 전원풍의 샐럼Salem시에 위치하였으며, 1882년 한국과 미국이 수교修交를 맺은 후 주미한국공사관과 인연을 맺은 것을 계기로 약 30여 명의 한인 관료와 지도자들이 유학한 명문대학이다. 로아노크대학에서 2년간 예과 수업을 받은 그는 이 기간 동안 라틴어·영어·수학 등을 배웠고, 그리스어는 1년, 기초화학과 철학을 포함한 자연과학, 역사·지리·신화·서예 등의 과목을 수학하였다. 이때 이 대학에는 김규식과 이희철을 포함해 3명의 한인학생이 예과에 재학 중이었고, 서규병은 1898년에 이미 졸업반인 4학년생이었다.

그러던 중 정부의 소환으로 귀국하여 오늘날의 외교통상부에 해당하는 외부外部 주사가 되었으며, 1899년에는 농상공부 기수技手로 임명되어 활동하다가 이듬해인 1900년 4월 관직에서 물러났다. 그 후 영국인이 경영하던 평안남도 순천에 소재한 은산금광殷山金鑛에서 통역과 영미인英美人 교섭업무를 담당하였다. 이때 그는 자신이 거주하던 마을이름의 음을 빌려 '성촌'이라 하고, "정신을 차려 바르게 행동하고 깨우치기" 위해 한자로 '醒村'이라고 지어 호를 삼았다고 한다. 이어 평남 순천군내에 설립된 사립시무학교私立時務學校 교사로 자천自薦하여 일본어와 영어 등을 가르쳤다.

그가 시무학교 교사로 자천한 것은 상동청년회와 밀접한 연관 속에서 이루어진 것으로 보인다. 즉 1903년경 이희간李喜侃이 평안남도 순천에서 상동청년회 순천지회를 조직하고 각 면마다 '시무학교'라는 부속학교를 설립하여 배일사상을 고취하였다고 하는 바, 박희병이 근무하던 시무학교 역시 이러한 활동의 일환, 또는 분위기 속에 설립된 것으로 짐작된다.

1904년 12월 박희병은 학부(요즘의 문교부)를 직접 방문하여 시무학교 인가를 받았다. 시무학교는 주서注書를 지낸 김응기金能基와 의관議官을 지낸 이원민李元旻의 수천금과 순천군내 유지들의 성금으로 설립된 학교였다. 교장은 평안남도 관찰사 이중하李重夏, 부교장은 순천군수 이승주李承周, 교사는 은산금광에 머물던 그가 자천하였다. 시무학교는 일본어·영어·산술·지지地誌·역사·국한문 등 신구 학문을 가르쳤으며, 학생 수는 30여 명이었다. 이처럼 박희병은 일찍부터 일본과 미국의 근대사회를 목격하고 개화운동과 근대화에 앞장섰던 문명개화론자였다. 숙부의 이러한 자취는 함께 생활한 박용만에게서 그대로 발견된다.

숙부를 따라 상경한 박용만은 숙부가 관립영어학교를 다닐 때 관립일어학교를 1년여간 다녔으며, 1895년 숙부가 관비유학생으로 유학할 때, 그 역시 정부 주관 시험에 합격하여 관립유학생이 되어 함께 일본으

『황성신문』에 실린 시무학교 개교 기사

로 건너가 중학교를 졸업하였다. 중학 졸업 후 그는 한국 개화사상 형성에 한 줄기를 이룬 게이오기주쿠 정치과에서 2년간 공부하였으나 졸업은 하지 못한 것으로 전해지고 있다. 그러나 1983년 3월 간행된 게이오기주쿠 입학생 명단인 『게이오기주쿠입사장慶應義塾入社帳』에는 박희병의 이름은 확인되나, 박용만의 이름은 찾을 수 없다. 이 입사장은 1863년부터 1901년 11월까지 입학생 약 1만 3천 명의 명단이 수록되어 있고 이중 한국인 203명이 포함되어 있었다.

　일본 유학시절 박용만은 개화파 인사들과 친분이 있던 숙부의 소개로 일본에 망명 중인 박영효朴泳孝 등을 소개받아 교분을 맺고 유신개혁파인 '활빈당活貧黨'에 가입하였다고 한다. 그러나 박영효의 추대는 고종의 탄압을 불러일으키는 원인이 되었다. 그 결과 1901년 3월 안국선安國善·오인영吳仁榮 등과 함께 귀국할 때 박영효와 연루되었다는 이유로 피체되어 옥고를 치렀다. 이때 함께 투옥된 오인영은 감옥에서 사망하였고, 안국선은 몇 년간 옥살이를 하였다. 다만, 그는 박희병과 선교사들의 도움으로 수개월 만에 특사로 풀려날 수 있었다. 이것이 그가 국내에서 겪은 1차 옥살이였으며, 이 시기 량치차오梁啓超에게 심취하여 많은 영향을 받고 '조선의 량치차오'가 되어 역사적으로 큰 사업을 할 것을 선언하였다.

상동청년회 활동과 '심만'의 유래 | 출옥 후 강원도·경기도·충청북도 일대에서 활빈당 운동을 전개하였으나 제대로 성과를 거두지 못하자, 상동청년회에 밀접한 관련을 맺으면서 평안도 등지에서 전도 활동한 것으로 알려져 있다. 특히 1903년 이후 전덕기全德基가 회장격인 임원국장으로 선임되면서 전덕기 체제로 재편되자, 같은 해 9월 다정국장으로 선임되어 회원관리 임무를 맡았으며, 이듬해인 1904년 9월에는 통신국장을 맡아 회원 연락과 서기 임무를 맡았다. 전덕기 회장 체제 이후 상동청년회 활동은 1904년부터 본격화되었다. 상동청년회는 1904년 10월 상동청년학원을 설립하여 교육사업을 시작하는 한편, 보안회輔安會와도 관련을 맺고

| 상동교회의 전경

활동하였다. 1904년 6월 일본은 주한일본공사 하야시 곤스케林權助를 통하여 대한제국 국정부에 진 국토의 30%에 해당되는 황무지개척권을 요구하였다. 이러한 사실이 알려지자, 그 해 7월 송수만宋秀晚·심상진沈相震 등이 보안회를 조직하고 반대투쟁을 하였다. 이때 보안회의 황무지개척권 반대투쟁 모임은 주로 상동교회에서 논의되었으므로, 상동청년회 임원이었던 그 역시 자연스레 황무지개척권 반대투쟁에 나섰을 것이다. 이 일을 계기로 그는 재차 투옥되어 2차 옥살이를 치렀다. 이때 감옥에서 정순만鄭享萬과 더불어 이승만 등을 만나 결의형제를 하였으니, 후일

| 박장현과 유일한

3인의 이름 끝자인 '만'을 따 이른바 '3만'으로 불리게 되었다 한다.

2차 옥살이 후 그는 숙부가 근무하고 있던 순천의 시무학교에서 학생들을 가르쳤다. 이때 만난 제자가 후일 미국 네브래스카 주에서 한인소년병학교를 건설할 때 함께 했던 소년들, 즉 평양 출신의 유일한柳一韓·이종희李鍾熙, 평남 순천 출신의 정한경鄭翰景·이희경李喜儆, 청주 출신의 이종철李鍾徹·유은상柳殷相 등이었으며, 정순만의 부탁으로 순천에서 공부하던 장남 정양필鄭良弼(본명 정충모)도 그 중 한 명이었다. 또한 한인소년병학교 설립에 관여했던 이관영李觀永은 이희경의 종질로서, 그의 고향 역시 순천이었다.

그러나 한일의정서·러일전쟁 등으로 이미 한국이 준식민지 상태로 전락했음을 간파한 그는 해외망명의 길을 택하였다. 물론 그가 미국행을 선택한 것은 미국 유학과 은산금광 통역 시절 영미인과 선교사들과의 교유 통해 미국을 잘 알고 있는 숙부의 영향이 가장 컸을 것이다.

박용만이 미국으로 이주하게 된 배경과 관련하여 『사이토문서』에 실린 「조선독립운동의 근원根源」 '상동청년회' 편이 눈길을 끈다.

메이지明治 37년(1904) 가을, 즉 러일전쟁이 가장 치열하던 때에 예수교 전도의 이름 아래 상동청년회라는 것이 출현하였다. (중략) 청년회의 간부는 이동녕·이승만·정순만·이희간·박용만·조성환 외에 예수교 목사 전덕기를 회장으로 하고 (중략) 회의 사업은 청년학원을 경영하여 뜻 있는 청년을 양성하는 외에, 미국에 이민의 명분으로 유학생을 파견하며, 이민개발회사와 묵계를 맺어 이희간을 러일전쟁 중에 고등군사탐정高等軍事探偵으로 종군하여 얻은 6만 8천 원 중 1만 3천 원을 유학생의 미국상륙 휴대금으로 유용하고, 박용만과 이희건(이희간의 동생)을 미국에 파견하여 그 수지(상륙 후 휴대금은 바로 반환하는 방법)를 맞추었고, 이어 이승만도 유학생 감독으로 도미하고 이희간도 또한 상황시찰을 위해 일시 도미하였다. (이하 생략)

위 논지에 따르면 상동청년회는 유학생 파견을 목적으로 이희간을 통해 자금을 마련하여 이승만·박용만 등을 미국으로 유학보냈다는 것이다. 그런데 이 글의 신빙성을 뒷받침할 만한 것이 있다. 앞서 보았듯이, 이희산은 1903년 전덕기를 중심으로 상동청년회가 조직되는 것과 때를 같이하여 평안남도 순천에서 상동청년회 순천지회를 조직하고 각 면마다 '시무학교'라는 부속학교를 설립하여 배일사싱을 고취하였고, 1905년 을사조약이 강제 체결될 조짐이 보이자 정순만과 함께 외부대신 박제순朴齊純을 찾아가 조약 체결을 하지 말라고 촉구하였다고 한다. 또한 1908년경에는 우수리스크 부근 추풍秋風지역의 한인학교에서 교사로 근무하다 후일 친일파로 변절한 인물이다. 이희간을 통해 미국유학자금이 마련되었는지는 확인할 길이 없지만, 이승만과 박용만은 둘 다 상동청년회로부터 여행비용과 휴대금을 지원받아 미국으로 건너간 뒤 바로 돌려주었다는 사실이 이를 뒷받침한다. 그렇다면 상동청년회에서 청년지사들의 미국 유학을 지원한 까닭은 무엇일까. 이는 러일전쟁을 계기로 사실상 일제의 침략의도를 간파한 상동청년회에서 계몽운동으로는 국권회복에 한계가 있다는 것을 깨닫고 지사들을 해외로 망명시켜 민족운동을 전개하고자 한 것으로 보인다. 즉 상동청년회와 관련을 맺었던 이승만·박용만의 미국행에 이어, 1906년 4월에는 이동녕·정순만 등이 조국을 떠나 같은 해 10월 이상설 등과 함께 중국 옌지延吉 룽징龍井에 서전서숙을 설립하여 민족교육을 실시하였고, 우덕순禹德淳 또한 비슷한 시기에 블라디보스토크로 망명하여 계동학교啓東學校를 세우고 민족교육을 실시하였다. 따라서 이승만의 뒤를 이은 박용만의 도미 결행은 상동청년회와 밀접한 관련 속에서 추진된 것으로 보인다.

이처럼 박용만이 미국행을 결정한 것은 숙부 박희병과 상동청년회의 영향, 의형제 정순만·이승만의 영향 등으로 이루어졌을 것이다. 다만 이승만이 외교를 주목적으로 한 반면, 박용만의 경우는 처음부터 일제의 탄압이 없는 해외에서 독립군을 양성하여 무력항쟁을 통해 국권회복을 꾀하려 하였다. 앞서 언급한 것처럼 정한경·유일한을 비롯한 소년들을 미국으로 데려가 독립군으로 양성하려던 것이 이를 증명한다.

2

북미 : 한인소년병학교와 무형국가론

미국 중서부에 자리 잡은 까닭은?

이승만이 미국으로 유학을 떠난 지 약 석 달 후인 1905년 2월, 박용만은 미국 샌프란시스코San Francisco에 도착하였다. 이때 그가 휴대한 트렁크에는 이승만이 옥중에서 저술한 『독립정신』 원고가 숨겨져 있었다. 옥중에서 밀반출된 이승만의 옥중 원고를 일본인 세관원의 적발을 피하기 위해 자신의 큰 트렁크 밑바닥에 숨겨 미국으로 가져왔던 것이다. 이 원고는 1909년 그를 비롯하여 신흥우中興雨·문양목义讓穆·김밀리사 등 네브래스카 주와 캘리포니아 수 여러 독지가의 도움으로 로스앤젤레스에서 1천 부가 간행되어 세상에 빛을 보게 되었다.

미국으로 건너올 때, 그는 옥중에서 의형제를 맺었던 이승만과 정순만의 어린 아들, 이태산李泰山(족보에는 봉수鳳秀)과 정양필鄭良弼을 데리고 왔다. 다만, 미국 입국 전 하와이Hawaii에 들러 동지에게 양필을 맡긴 후, 태산만 데리고 미국 본토로 건너왔다. 미국에 입국하던 그 해 봄, 평남 순

27

| 신흥우

천 출신의 소년 정한경·이희경이 미국에 도착하였으며, 같은 해 9월 27일에는 숙부 박희병이 순천 시무학교에서 가르쳤던 제자이자 10대 소년인 이종희·유일한, 그리고 여덟 살의 이관수 세 어린아이들을 데리고 샌프란시스코에 도착하였다.

도미 후 박용만은 제일 먼저 국내 옥중동지였던 신흥우를 만나기 위해 로스앤젤레스로 갔다. 신흥우와 미국에서의 고학방법 등을 의논한 뒤, 캘리포니아 주 오클랜드Oakland로 가서 문양목·백일규白一圭 등과 교분을 쌓았으며, 캘리포니아 주 등 미국 서부지역의 동양노동자 시장을 살펴보기도 하였다.

미국 캘리포니아 주 일대에서 약 반 년간 머무르는 동안 그는 1905년 4월 창립된 미주한인사회의 유일한 단체였던 공립협회에 가입하지 않았다. 공립협회는 안창호를 중심으로 한 관서지방, 주로 평안도 출신들이 중심이 되어 설립한 단체로서 사실상 북미지역 한인들의 자치기관 역할을 담당하고 있었다. 그럼에도 그가 공립협회에 가입하지 않은 이유는 첫째, 그가 어울린 인사들 대부분이 이승만을 비롯하여 문양목·백일규 등 후일 공립협회의 정치노선에 반대하여 1905년 12월 대동교육회大同敎

育會(후일 大同保國會로 개편)를 창립한 기호(경기·충청지역 일대) 출신들과 친분이 있었던 것과 둘째, 도미를 추진할 당시부터 미리 계획을 세워놓은 관계로 공립협회와는 별도로 자신의 이상을 펼칠 근거지를 물색하기 위함이었을 것이다.

도미한 지 반 년쯤 지난 1905년 9월, 그는 샌프란시스코에서 열린 미국 북감리교 연회年會에서 안정수安定洙와 함께 한인전도사로 임명되었으며, 곧 이어 9월 27일 박희병이 샌프란시스코에 도착하자, 셋이 함께 미국 네브래스카 주로 떠났다. 안정수는 인천 내리교회內里敎會 전도사로 한인의 하와이이민 당시 통역으로 승선하여 제일 먼저 하와이에 도착한 뒤 미국으로 건너와 전도사로 활동하던 인물이었고, 박희병은 상동청년회의 후원으로 멕시코 한인이민의 실상을 파악하기 위해 미국으로 건너왔던 것이다.

박용만이 네브래스카 주로 떠난 것은 삼촌 박희병이 국내에서부터 알고 있던 네브래스카 주 출신 선교사들의 소개로 네브래스카 주 오마하에 위치한 유니온 퍼시픽 철도회사의 추천서를 받아왔기 때문이기도 하지만, 박희병으로부터 네브래스카 웨즐리언대학예비과Weslyan Collage Academy에 입학할 수 있다는 정보를 들은 이유도 있었다.

그와 숙부는 먼저 네브래스카 커니Kearney시에 정착하여 그 곳 한인들의 생활 안정을 위해 철도회사와 교섭하여 일자리를 얻어내는 한편, 이종희·이희경·김용대金容大(후일 김일신金一信)를 링컨시 소재 학교에 입학시키고, 김용대의 아버지 김병희金丙熙·권종호權鍾浩·정영기鄭永基·조오흥曺五興의 아버지 조진찬曺鎭贊 등 장년층을 링컨시 동남부에 위치한 테이블 록

Table Rock의 철도공사장에 취직시켰다. 이와 더불어 그는 숙부와 함께 커니시 유지들에게 한인 학생들을 '스쿨보이School boy'로 채용해 줄 것을 권유하여 어린 학생들의 숙식을 해결해 주기도 하였다. 스쿨보이란 동양 학생들이 백인의 집에서 집안 일 등 잡일을 해주고 방과 식사를 제공받는 것이었다. 이렇게 박용만·박희병의 주선으로 스쿨보이로 일하면서 학교에 다닌 대표적 인물은 정한경·정양필·유일한·이관수 등이었다.

이러한 와중에 1905년 11월 일제가 을사조약을 강제 체결하면서 조국이 사실상 식민지로 전락했다는 소식을 들은 박용만은 1906년 2월 멕시코 한인참상을 조사하고 돌아온 숙부와 함께 그 해 여름 다시 콜로라도 주 덴버로 자리를 옮겼다. 당시 덴버는 신흥도시로서 탄광과 철도회사에서 노동자를 계속 모집하고 있었고, 사탕무농장이 호황을 맞이하여 많은 인력을 취직시킬 수 있었기 때문이었다. 이외에도 덴버는 교육면에서도 중·고등학교 등록금이 면제되었고, 주립대학 역시 다른 주보다 극히 적은 등록금만 받는 관계로 맨몸의 한인 학생들이 공부하기에 아주 좋은 조건이었다. 더욱이 당시 덴버의 공립고등학교에서는 군사교육을 실시하였고, 주립대학에서는 간부후보생(ROTC) 훈련과정을 의무화하였기 때문에 처음부터 군사학에 관심을 가졌던 박용만에게 덴버는 그가 꿈꾸는 이상을 펼칠 수 있는 기회의 땅이었다.

덴버에 자리 잡은 박용만·박희병은 네브래스카 주의 경험을 바탕으로 보다 나은 일자리를 찾아 하와이에서 미국 본토로 건너오는 한인들을 위하여 노동주선소와 여관을 운영하면서 취직과 숙소를 제공하여 약 300여 명에 달하는 한인들을 취직시키고, 유학생회를 조직하여 유학생

멕시코 이민과 박희병의 파견

1902년부터 1905년까지 하와이 노동이민이 유행하자, 1905년 4월 네덜란드-독일계 영국인 마이어스John. G. Myers와 일본의 이민회사인 대륙식민합자회사大陸植民合資會社 일본인 오바 간이치大庭貫一는 약 1천여 명의 한인들을 속여 멕시코 어저귀농장에 노예로 팔았다. 멕시코 노예이민 소식이 중국인 허훼이阿惠를 통해 미주 공립협회와 국내 상동청년회 등에 알려지자, 상동청년회에서는 멕시코 한인 이주민의 참상을 보도하는 한편, 그 실상을 파악하기 위해 미국 유학 경험이 있던 박희병과 이범수李範壽를 멕시코 현지로 파견하였다. 1905년 8월 24일 박희병은 이범수와 함께 멕시코를 향해 출발하였으나, 이범수가 상하이에서 병이 나 중도 귀국하자, 단신으로 멕시코로 향하였다. 상하이와 홍콩을 거쳐 9월 샌프란시스코에 도착한 그는 박용만을 만나 두 달여 체류하였다. 그 후 박희병은 11월 워싱턴을 거쳐 12월 28일 뉴욕에 도착하여 미국 유학시절 세례를 받았던 기독교연합총회관에 머물며 총회원증을 취득하였다. 멕시코로 출발한 박희병은 1906년 1월 23일 멕시코 수도 멕시코시티에 도착하였고, 그곳에서 메리다 지방 한인들의 정황을 탐문하였다. 이때 메리다 농장에서 탈출한 한인 두 명을 만나 체험담을 전해들은 박희병은 그 실상을 적어 한국으로 보냈다. 이 보고서를 받은 상동청년회는 박희병이 보내온 멕시코 이민의 참상을 『대한매일신보』를 통하여 공개하였다. 이후 박희병은 자금 부족, 현지 조사의 어려움 등을 들어 메리다까지 가는 것을 포기하고 2월 초 다시 미국으로 돌아왔다.

등 한인 청년들을 규합하였다. 특히 문양목은 도미 유학생과 소년들을 설득하여 박용만에게 보내 지도를 받게 하는 등 박용만을 적극 지원하였다. 그 결과, 1913년경 미주 한인 유학생 150여 명 중 60여 명이 네브래스카와 그 주변에 집중되는 계기를 마련하였다.

애국동지대표회를 개최하다　　1907년 6월 10일 숙부 박희병이 덴버에서 위암으로 사망하였다. 숙부가 사망하자, 박용만은 콜로라도예비학교에 입학하는 한편, 여관과 노동주선소를 홀로 운영해 나갔다.

그런데 1907년 여름은 일제가 정미조약을 강제 체결한 데 이어 광무황제(고종)를 강제 퇴위시키고 구 한국군마저 강제 해산시키자, 이에 대항하여 전국 각지에서 의병들이 의병전쟁을 전개하던 시점이었다. 이에 따라 재미한인사회를 주도하고 있던 공립협회는 국내의 의병전쟁을 '독립전쟁'이라 명명하고 대대적인 독립전쟁론을 전개하였고, 재미한인단체들도 1907년 8월경부터 국권회복을 위해서는 한인단체가 통합해야 한다는 논의를 끊임없이 제기하였다. 그 결과, 1907년 9월 하와이지역 내 24개 한인단체는 하나로 통합하여 한인합성협회韓人合成協會라는 하와이 한인의 통일기관을 창립하였다. 그러나 1907년 말까지 북미지역의 공립협회와 대동보국회, 공제회와 동맹신흥회 등 4개 한인단체는 통합하지 못한 채 각기 존립하고 있었다. 이중 가장 큰 영향력을 끼친 단체는 캘리포니아 주를 중심으로 조직된 공립협회와 대동보국회였던 만큼,

| 박희병 사망진단서. 사망일이 6월 10일로 적혀 있다.

통합논의는 곧 공립협회와 대동보국회의 통합문제나 다름없었다. 그러나 공립협회가 공화정共和政에 입각한 국민국가 건설을 지향하고 있는 반면, 대동보국회는 공립협회의 정치노선에 반발하여 따로 조직된 단체로서 교육을 통한 보황주의保皇主義적 성격을 띠고 있었다. 또한 지역적 기반 역시 공립협회는 서북(주로 평안도) 출신이, 대동보국회는 기호출신이 주류를 이루는 등 정치 인식과 지역적 분파로 인해 대립 관계에 있었다. 미주에서 가장 큰 세력을 형성하고 있던 공립협회는 이미 1907년부터 통일연합론統一聯合論이라는 전략을 수립하고 통합을 추진하고 있었는데, 이는 공립협회를 중심으로 한 통합을 뜻하는 것이었다. 따라서 장경張景

등 대동보국회는 공립협회의 통합론을 반대하면서 연합론을 주장하였고, 대동보국회와 친분을 맺고 있던 이승만과 박용만 역시 연합론에 동조하였다.

이처럼 한인단체 통합을 둘러싼 논쟁이 가열되고 있을 때, 미주한인단체의 통합을 촉진시킨 것은 박용만이 제의한 애국동지대표회愛國同志代表會였고, 결정적 계기를 마련한 것은 스티븐스 처단사건이었다.

1908년 정월 초하루, 박용만은 덴버에서 지역 한인인사들과 임시회를 열고 1908년 6월 10일 애국동지대표회를 개최할 것을 의결한 뒤 취지서를 작성하여 북미와 하와이 그리고 러시아 한인단체에 대표 파견을 요청하였다.

애국동지대표회 발기취지서

그윽히 생각하건대 오늘날 우리 한국은 세계에 수치당한 나라요, 오늘날 우리 한인은 세계에 한을 품은 백성이라 사천 년 영광이 이 땅에 떨어졌으니 이것을 뉘 아니 회복하고자 하며 이천만 생령生靈이 하늘을 부르짖으니 이것을 뉘 아니 슬퍼하리오. 청컨대 동포 동포여 동지 동지여 우리가 스스로 묻거니와 그동안 일한 것이 무엇이며 그대도 알거니와 장래에 힘쓸 것이 무엇이뇨. (중략)

국가의 흥망을 판단함은 결단코 한 사람의 손으로 못할 바요, 국민의 행복을 도모함은 반드시 한 사회의 힘으로 못할 것이라 과연 백성이 공립共立할 사상이 없으면 어찌 종족을 상보相保케 하며 또한 전국이 대동大同한 주의가 없으면 어찌 국가를 보전하리오.

안으로는 기천명 민병民兵(의병-필자)이 운동하니 듣는 바 소식이 상쾌하고 밖으로는 수십 처 회관이 설립하니 보는 바 광경이 장하도다. 그러나 천백의 사람이 서로 흩어지고 수삼 년에 소식이 서로 격절隔絶하여 비록 비상한 사변事變이 이왕 있었어도 온 사회가 임의 공동한 의논이 없었고 또한 절대한 기회가 앞에 당하여도 매양 동일한 방책이 없었으니 이는 사회의 결점이오 이는 국사의 방해라.

이에 우리 '덴버'지방에 있는 무리들이 의향이 이로부터 일어나고 의론이 이로 조차 동일하여 어느 날이던지 기회 있는 대로 북미에 있는 우리 한인들이 한 번 큰 기회를 열고 매사를 의논코저 우선 이곳 동포께 물으매 열심으로 상응하고 또한 부근 각처에 통하매 기쁨으로 대답하여 본년 1월 1일 하오 8시에 '덴버'에서 임시회를 열고 각 동포가 이 일을 의논할 새

첫째 회명은 '애국동지대표회'로 명하고, 둘째 회기는 본년 6월 초 10일로 정한 후 그동안 약간 일을 정돈하고 이제 비로소 한 글장을 닦아 우선 태평양 연안과 미국 내지內地 각 처와 하와이 군도群島에 계신 각 동포에게 고하노니

첫째는 대표회를 발기한 주의

一. 북미에 있는 우리 애국동지들은 무슨 사화와 어느 단체를 물론하고 다만 우리나라 당금當今 정형에 대하여 동일한 행동을 가지고자 함

一. 이 위에 말한 바를 실행하기 위하여 우리 동포 있는 곳마다 각각 대표자 한 사람이나 혹 두 사람을 보내어 우리의 장차 행할 바 일을 의논코자 함

둘째는 대표회라 이름 지은 이유

一. 이 회는 영구히 두는 회가 아니요 다만 각처로 오는 대표자로 말미암아 잠시 성립되는 고로 북미대한인애국동지대표회라 하고 다만 덴버는 각 처 대표자를 영접하기 위하여 임시회의소를 설립하고 이름도 또한 이와 같이 정함

셋째는 대표회를 특별히 덴버로 여는 이유

一. 이 회를 특별히 덴버로 열기를 결정한 것은 대개 미국 서방西方은 우리 애국당의 근거지요 또 사방에 왕래가 편리하나 특별히 금년 6월에 미국 합중정당의 총의회를 여는 곳이 되어 미국 안에 있는 정당은 제제히(일제히-필자) 다 이곳에 모이는 고로 이것이 합중국 설립한 후 첫째로 되는 큰 회라 그런 고로 우리도 그 기회를 타서 한편으로 우리 일을 의논하며, 한편으로 그들에게 대하여 우리 국정을 드러내고, 또한 그들로 하여금 한국에 독립할 만한 백성이 있는 줄을 알게 하고자 함

넷째는 대표회를 집행할 차례

一. 대표회는 이 위에 말한 바와 같이 각처로 오는 대표자로 성립되는 고로 당시에 회의할 의장과 서기도 그때 선거하고 오직 모든 범절은 이곳 임시회에서 예비함

다섯째는 대표회의 광고

一. 각처 동포들은 아무쪼록 힘을 다하여 대표자 한 사람 혹 두 사람을 보내기를 바라며, 또 혹 어느 곳이든지 동포도 많지 않고 재정도 어려운 지경이면 다만 공함 한 장과 경비 약간으로 이 근처에 있는 어

떤 동포에게 부탁하여 회에 참례케 함

一. 덴버 임시회의소는 각 처 대표자를 맞아들이고 또한 여러 가지 일을 주선하는 고로 그 경비는 불가불 여러 동지자의 얼마쯤 도움을 원하나이다

임시회장 박용만

임시서기 이관수

미국 덴버에서 개최되는 민주당 대통령 후보 선출대회에 맞추어 비교적 배일적인 민주당 인사들에게 일본의 한국침략의도를 폭로하여 한국이 처한 정세를 알림과 동시에 해외 한인단체가 동일한 행동을 취하기 위해 애국동지대표회를 개최하기로 결정한 것이다. 그리하여 미주·하와이·러시아 등 해외 한인단체에 소집취지서를 발송하여 각각 대표자 한 사람이나 혹 두 사람을 보내어 우리의 장차 행할 일을 의논하고자 하였다. 이는 박용만이 재미 한인사회의 통일전선을 구축한 후 이를 바탕으로 강력한 민족운동을 전개하려는 의도였다.

이처럼 그가 애국동지대표회를 준비하던 즈음이던 1908년 3월 23일 오전 9시 30분, 미주는 물론 국내를 비롯한 해외 각지에 큰 영향을 미치는 사건이 샌프란시스코에서 발생하였다. 이른바 장인환張仁煥·전명운田明雲 의사의 스티븐스 처단사건이다. 1908년 3월 대한제국 외교고문 스티븐스가 샌프란시스코에 도착하였다. 스티븐스의 직함은 대한제국 외교고문이었지만 그는 일본의 입장을 대변하는 친일파였다. 따라서 그가 미국에 온 목적 또한 당시 미국에서 일본인 이민금지 법안을 제정하

려는 움직임이 일자, 미국 국회의원들을 회유하기 위한 것이 첫째요, 미국인들의 반일감정과 더불어 가열되는 재미한인의 독립운동상황을 시찰하기 위한 것이 다음이었다. 스티븐스는 샌프란시스코 도착 직후, 『샌프란시스코 크로니클』 신문과의 인터뷰에서 일제의 한국통치를 옹호하는 발언을 거침없이 쏟아냈다. 이 소식을 들은 공립협회와 대동보국회는 공동회를 개최하고 총대總代 4인을 파견하여 스티븐스에게 관련 기사의 정정과 해명을 요구하였으나, 스티븐스는 오히려 일제의 한국 침략의 당위성을 주장하였다.

1908년 3월 23일 스티븐스가 워싱턴으로 출발하고자 샌프란시스코 페리선창에 당도하자, 장인환과 전명운은 스티븐스를 저격하여 이틀 후인 25일 사망케 하였다. 장인환·전명운의 스티븐스 처단은 단순히 두 사람의 의기義氣로 행한 것이 아니라 전날 저녁 공동회에서 논의한 끝에 내린 공립·대동 두 회의 공동대응책이었다. 사건 직후 공립·대동 양회는 장·전 두 의사의 재판에 필요한 통역 및 변호사 선정, 재판후원금 모금, 언론을 통한 재판여론 형성 등에 분주하였다. 특히 양 회는 "이 재판은 세계에 공개재판이오, 이 재판은 우리의 독립재판이니 우리가 이 재판을 이겨야 우리 2천만의 독립이 될지니"라 하면서 독립재판 후원에 전력을 기울였다. 이러한 노력의 결과, 일제의 갖은 재판조작 책동에도 불구하고 전명운은 증거불충분으로 풀려났고, 장인환은 25년의 금고형을 언도받았다.

이처럼 스티븐스 처단사건으로 재미한인사회가 바삐 돌아가자, 박용만이 추진한 애국동지대표회 개최는 자연 후일을 기약할 수밖에 없었

| 1908년 3월 24일자 『샌프란시스코 크로니컬』 신문에 실린
장인환·전명운 의거 기사

다. 게다가 러시아 블라디보스토크에 거주하는 한인들이 이승만을 대표로 임명한다는 위임장을 보냈으나, 이승만이 하버드대학 학위일정 때문에 참석을 미루자 이승만의 참석을 위해서도 일정 조정은 불가피하였다. 그는 애국동지대표회 개최일자를 7월 8일로 다시 조정하여 각지로 통지하였으나, 이승만 때문에 결국 7월 11일에야 개최될 수 있었다.

날짜가 미뤄지는 사이에도 애국동지대표회 준비에 여념이 없던 그는 1908년 5월 박처후朴處厚·임동식林東植·정한경 등과 미리 애국동지대표회에 관한 준비사항을 점검하고, 한인군사학교 설립에 대해 애국동지대표회에서 논의하자는 의견을 나누었다. 이와 동시에 공립협회에 애국동지대표회 참석을 종용하는 편지를 보내면서 "본 지방의 인심경향과 시기의 가회를 인하여 각 단체를 연합할 주의로 이미 광포하였으나 귀 지방에서 통합할 의론이 긴하다 한즉 통합하는 것이 연합하는 것보다 중하겠기로 본 회에서도 대동한 중의를 종코저 하오니 회기와 회소를 공의 선택하심을 바란다"고 연락하였다. 이는 공립협회가 추구한 방향이 통합론으로 정리되었음을 의미하는 것이고, 박용만은 공립협회의 참석을 위해 통합론과 연합론을 따지지 말고 모여서 논의하기를 청하였으나, 공립협회는 끝내 불참하였다.

1908년 7월 11일. 덴버의 그레이스 감리교회에서 애국동지대표회가 개최되었다. 대회기간은 7월 11일부터 7월 14일까지 총 4일간이었으나 12일은 일요일이었던 관계로 3일간 회의가 열렸다. 애국동지대표회는 덴버 현지 지역신문들이 매일 주요 사항들을 보도할 정도로 관심을 끌었다. 개회 첫날 『덴버타임스』는 '한인애국자들이 덴버에 모여 전쟁을

| 덴버의 그레이스감리교회. 지금은 철거되고 없다.

KOREAN PATRIOTS GATHER HERE TO FREE NATION FROM JAP RULE

| 덴버지역 신문에 실린 애국동지대표회 관련 기사

준비하다'라는 타이틀로 애국동지대표회를 소개하면서 이는 한인들의 첫 국제적 회의로서 '애국동지들은 해외 한인애국단체들을 조직한 지 오래이며, 그들은 해외 각국의 조직을 총괄할 중앙조직을 만들 때가 왔다고 생각한다'고 보도하였다. 신문지상에는 이 대회 참석 인원을 대략 36명에서 50여 명으로 추산하였다. 아래는 당시 대회를 몰래 엿본 한인 밀정이 샌프란시스코 일본영사관에 보낸 보고서에 나타난 각지 대표자와 날짜별 회의 진행사항이다.

콜로라도 주 덴버 이관영, 스프링스 오흔영

네브래스카 커니 박처후, 링컨 이종철, 오마하 김사형

캔자스 설라이너 김정석

대동보국회 김영욱

러시아 블라디보스토크 전권대표 이승만(위임)·이상설(유고 불참)

하와이 김성권(신병으로 불참)

뉴욕 윤병구·김헌식

공립협회(불참)

7월 11일

개회 전 : 콜로라도 주·네브래스카·뉴욕·텍사스 등 각 대표자들의 위임장 점검 후 회장 이승만, 국문서기 박용만, 영문서기 윤병구 선임

개   회 : 9시 30분 애국가 제창 후 이승만이 개회 취지 설명 및 각 대표

위임장 낭독. 대표와 동포 의견 수렴을 위한 연설회 개최. 대표 자 중에는 박처후·이종철·김사형·김영욱, 통상원(참가자) 중 에는 박재규·이순오·이운옥·이용규·한시호·이동진·이규인 이 연설

제2차 회의 : 2시 30분, 각 대표의 의안 제출

　김영욱 : 각 지방과 단체가 일체 연합하여 한인사회의 이익을 도모하는 큰 일은 함께 힘써 할 일

　이관영 : 콜로라도 각처에 한인 조직을 완전히 할 것.

　박처후 : 내외국을 물론하고 우리 동지가 있는 곳마다 통신소를 정하 는 일

　이종철 : 우리 동지들이 저술한 서책과 번역한 글을 출판하는 일을 제 안. 이 문제는 협의 중 결정이 불가한 이유가 있으므로 유 예됨

7월 12일

일요일이므로 회의 정지

7월 13일

오전 제3차 회의

영어로 회의 진행, 유명 서양인을 초청하여 함께 연설

　조선의 영광 있는 과거사(박용만)

　조선과 일본의 관계(오흔영)

물질 대 동양(이관영)

동양에 대한 미국(윤병구)

정치와 모범시민(크랜스턴 공화당 콜로라도 주 하원의원)

국가의 위대함(헨리 웨렌 감리교 목사)

조선이 깨달은 것(이승만)

오후 제4차 회의

각 대표의 제출의안을 논의한 끝에 통합문제는 참석자 3/4이 찬성하였으
나, 이승만 등 몇몇 인사의 반대로 향후 공립협회와 자유회가 참가한 뒤
공동 논의하기로 함. 그리고 각처에 통신소를 설치하여 매월 한 차례씩
연락할 것과 대표회는 1년에 한 번씩 총의회를 개최할 것을 결정함. 다
만, 서적 발간문제는 유보함

7월 14일

오전 제5차 회의

이명섭·김성한·최정희·황인여·오한영·김용하·김장석(김장호?)·김한
경(정한경?)·김지택·이성순·남정은·김창화·이순오·한시호·박재규·
박처후·김영숙·정명은(정태은?)·이순옥·이종희·김유신·이종화·이관
영·윤병구·박용만·이승만 등 연설

오후 제6차 회의(비공개회의)

박처후·이종철·김사형의 건의서와 박용만·김장호의 강력한 주장으로
네브래스카 주에 거주하는 청년들을 커니 시로 불러 모아 방학동안 여름
학교에서 공부하게 하고 체조와 조련 등을 연습하기로 가결

이와 같이 애국동지대표회는 3일간의 회의 끝에 다음의 일곱 가지 사항을 결정하였다.

대한인애국동포 각지 연합절목

제1은 종지는 내외국의 애국동포들은 무슨 사회를 물론하고 일체로 연합 교통하여 한 조직한 단체를 이루고자 함

제2는 각 지방의 통신국을 설치하고 매월 한 번씩 통신하여 공동히 관계 되는 일을 서로 알리고자 함

제3은 각 지방에 있는 통신국 위원은 그 지방 동포들이 스스로 선정하고 임기는 1년으로 하되 혹 퇴임되는 때는 신임 위원의 성명을 각 통신부 에 통고함

제4는 각 지방의 매월 통신은 의례 그 달 그믐을 넘지 말고 각별히 준행 하되 매월 통신을 1, 2, 3, 4로 번호를 매겨 일후에 고준함이 편하게 하 되 혹 공동한 중대 사건이 있을 때에는 기한을 교제치 아니함

제5는 각 통신처소에서 그 지방에 있는 동포의 성명 연령 주거지를 기록 하여 한 벌은 두고 한 벌은 각 처로 보내되 그 다음부터는 다만 천동하 는 동포의 이름만 기록하여 통신함

제6은 각 통신 처소에서 지방 자유를 보전하여 임원을 선정하기와 재정 경리하는 모든 사무에 종편하여 행하되 다만 공동연합하는 종지에 충 돌되는 일은 행하지 못함이 가함

제7은 본 대표회는 이후부터 매년에 1차씩 모이기로 작정하되 그 개회 장 소와 날은 각 지방 각 단체가 공동으로 윤조하여 편리한 대로 총 다수

———— 가결함

회   장 이승만
국문서기 박용만
영문서기 윤병구

이처럼 박용만이 주도한 애국동지대표회에서는 ① 향후 국내외 통일
기관을 조직할 것 ② 이에 대한 준비로 각지에 통신국을 설치하여 상호
간에 연락할 것을 의결하였으나, 국민교육에 필요한 내외서적의 저술·
번역 등에 관한 문제는 합의를 보지 못한 채 후일의 토의과제로 남겼다.
그러나 이 회의에서 가장 큰 성과를 이룬 것은 둔전병제에 바탕한 군사
학교 설립안을 통과시킨 것이다. 이는 박용만이 해외 한인단체의 통일
기관을 조직한 후 이를 바탕으로 무관학교를 설립하고 독립군을 양성한
후, 독립전쟁을 전개하여 국권을 회복하려는 그의 의지가 첫 발을 내딛
는 것을 의미한다.

해외 한인 최초로 설립한 한인소년병학교 | 애국동지대표회를
마친 뒤 박용만은 자
신이 운영하던 노동주선소 겸 여관을 윤병구尹炳求에게 부탁하고 링컨으
로 떠났다. 1908년 가을학기에 네브래스카주립대학에 입학하기 위해서
였다. 네브래스카대학은 미국 남북전쟁 이후 연방정부가 땅을 제공하여
설립한 중부 7주의 주립대학 중 하나로, 유사시 장교로 활동할 수 있는

간부후보생을 양성하는 조건으로 설립된 학교였다. 이는 남북전쟁 당시 전투경험이 없던 장교들로 인하여 희생자가 컸던 탓에 제대로 된 군사훈련을 이수한 장교들을 길러낼 목적이었다. 때문에 중부 주립대학 학생들은 간부후보생 과목을 반드시 선택해야만 했다. 이 대학을 선택한 또 다른 이유는 네브래스카대학이 1892년 전국 간부후보생 각개교련 경연대회에서 1등을 차지할 정도로 전통 있는 군사훈련 프로그램을 갖추었으며, 그 지도는 육군사관학교 출신 퍼싱 대위였다. 퍼싱 대위는 제1차 세계대전이 끝날 당시 미국의 총지휘관을 지낸 인물이었다.

1908년 9월 15일 네브래스카대학에 입학한 그는 그 해 겨울 박처후·임동식을 다시 만나 한인군사학교에 관한 사항을 논의하고 모든 일을 박처후와 임동식에게 맡기기로 하였다. 박처후·임동식은 네브래스카주 커니 시에 농장을 마련하여 학생들이 기숙할 곳을 정하는 한편, 군기를 마련하기 위하여 미국 육군이 사용하던 헌 군용총을 사들였다. 또한 농장경영자로 조진찬을 초빙하였는데, 그는 한인소년병학교에서 시작과 끝을 함께 한 이였다. 이처럼 군사학교에 필요한 준비가 순조롭게 진행되자, 그와 정한경은 각기 네브래스카주정부와 커니지방청과 교섭하여 마침내 인가를 얻어냈다.

1909년 6월 초순, 해외 최초의 독립군관학교인 한인소년병학교가 커니 시 한 농장에서 창립되었다. 한인소년병학교는 학기 중에는 각자 학교에서 공부하다 여름방학 때 입소하여 평균 8주간의 군사훈련을 받는 하계군사학교 체제로 운영되었으며, 수학과정은 3년이었다. 또한 박용만은 네브래스카 한인들을 결속시키고 소년병학교 운영에 필요한 재정을 마련하기 위해 '네브래스카 대한인거류민회'를 설립하였다. 이 민회는 네브래스카에 거주하는 한인을 가입시켜 1년에 3달러씩 인두세를 의무적으로 납세하도록 하고 그중 일부를 소년병학교 재정으로 지원하였다.

소년병학교의 첫 해 생도는 13명으로, 최연소인 열네 살 김용성부터 오십을 넘긴 조진찬을 비롯하여 임동식·유일한·정한경·박처후·김일신(일명 김용대)·구영숙·이관수였으며, 교관은 구한말 군인 출신인 김장호와 이종철이었다. 김장호는 커니군사고등학교를 거쳐 블리스군사고등학교에 재학하고 있던 중 한인소년병학교 설립소식을 듣고 생도들의 군사훈련을 자임하였으며, 이종철은 커니군사고등학교에 재학하고 있었다. 소년병학교 생도들은 이 두 교관으로부터 한국식 산병교련散兵敎錬을 배웠다. 이처럼 소년병학교 창설에 동분서주했던 박용만은 결국 과로로 인해 입원까지 하였다.

소년병학교의 소문이 퍼져나가자, 커니 시에서 20km 정도 떨어진 장로교 계통의 헤이스팅스대학 존슨P. L. Johnson 재무이사가 직접 박용만을 방문하여 기숙사와 학교 시설을 제공할 것을 제의하였다. 존슨의 방문은 당시 미국 장로교단의 선교정책과도 밀접한 관련이 있었다. 당시 한국에서 적극적으로 선교사업을 벌이고 있던 미국 장로교단은 선교정책의 일환으로 재미한인 유학생들을 적극 유치하려 하였다. 이러한 장로교단과 존슨의 배려 덕분에 박용만은 헤이스팅스대학의 학교건물 한 채와 전장甁欌을 임대받을 수 있었을 뿐 아니라 침상과 책상, 심지어 숟가락을 비롯한 식당 및 주방기구 일체까지 제공받을 수 있었다. 한편, 임

| 1911년 한인소년병학교 시절. 좌로부터 김려식 · 이종희 · 이종철 · 박용만 · 구연성

대 농장은 유은상·권종흠·김병희 세 사람에게 맡겨 농사를 짓게 하였
다. 그러나 커니와 헤이스팅스 지역에서 서로 소년병학교를 유치하기
위한 경쟁이 과열되자, 박처후와 커니 시 한인동포가 중재한 끝에 헤이
스팅스로 이전하기로 최종 결정되었다.

 1910년 4월 1일, 헤이스팅스대학 내로 이전한 한인소년병학교는 그
해 6월 두 번째로 개교하였다. 링컨·커니지방 등에 거주하던 유일한·
정양필 등을 비롯하여 캘리포니아·콜로라도·오하이오·미시건·뉴욕·

펜실베이니아·일리노이 등지에서 한인 유학생들이 속속 자원 입학하여 생도는 전년 대비 2배에 달하는 26명이었다. 교사진 역시 최익현崔益鉉의 문하생으로 알려진 김현구와 와이오밍 주 슈페리어탄광에서 온 한학자 박장순이 보강되었다. 한편 박용만은 학교운영자금을 마련하기 위해 학교 교장직과 군사훈련 등 전권을 김장호에게 맡긴 채 두 달 동안 미국 로스앤젤레스를 비롯한 캘리포니아지역을 순회하였다. 그 결과, 후원자 조진찬·정영기·김유성 등으로부터 특연금과 총 열다섯 자루, 그리고 동포들로부터 의연금 약 600여 달러를 모금하였다. 8월 25일 헤이스팅스로 돌아온 그는 마련한 의연금으로 군복과 야구팀 유니폼을 구입하고 교사들의 급료도 지불하였다. 이외에도 안재창安載昌·권종흠·김병희·김예권金禮權 등도 적극적으로 소년병학교를 후원하였다. 또한 소년병학교가 전부 헤이스팅스로 이전함에 따라 커니에서 농장을 관장하던 조진찬도 헤이스팅스로 이전하여 유은상과 함께 농사에 착수하였다. 1910년 당시 교사진과 생도들은 표 1과 같으며 농장관리자는 조진찬(51, 조오홍의 부친)·임동식(37)·유은상이었다.

1911년 여름 시작된 세 번째 하기훈련에 44명이 등록하자, 헤이스팅스대학재단이사회에서는 그 해 7월 한인학생이 헤이스팅스대학에 등록하면 학비의 50%를 면제해 주겠다고 결의할 정도로 한인학생들을 적극적으로 유치하고자 하였다. 또한 헤이스팅스에서 첫 비행기 시범비행이 있을 때 소년병학교 생도가 초대되어 각개교련시범을 보이는 등 지역사회의 주목을 받기도 하였다. 그리고 8월에는 제1회 졸업식이 거행되어 1909년 여름 입학한 13명이 졸업하였다.

| 한인소년병학교 생도들의 사격훈련 모습

　1912년 6월 네 번째 하기훈련에는 김려식과 신형호(신규식 조카)를 비롯히여 34명이 입학히였다. 또한 이 헤 8월 16일에는 13명이 졸업하였는데, 시베리아와 유럽을 거쳐 뉴욕으로 들어온 김현구·정태은鄭泰殷·홍승국洪承國, 가족을 따라 하와이로 이민 왔다가 미국으로 유학 온 조오흥·이정수 등이었다.

　다섯 번째 학기는 1913년 6월 16일 개강하여 7월 20일 종강하였는데, 30여 명이 등록하였다. 이 학기에는 네브래스카 주 커니사범학교와 네브래스카대학을 졸업한 박처후가 교장이 되어 학교를 운영하였다. 박

〈표 1〉 1910년 당시 소년병학교 교사진과 생도

교사	나이	출신	교사	나이	출신
교장 박용만	29	네브래스카대학	이종철	–	커니군사고등학교
백일규	31	헤이스팅스대학 예비과	박장순	–	한학자
김현구	21	〃	김장호	–	블리스군사고등학교 졸업
박처후	27	커니사범대학	구영숙	18	블리스군사고등학교
생도	나이	출신	생도	나이	출신
정한경	20	커니공립고등학교	김유택	23	조지아 주 레인하드대학
유일한	15	〃	한시호	–	미상
이관수	14	커니공립중학교	방사겸	29	오마하 거주
김용대	–	〃	유흥조	–	〃
정양필	17	커니군사고등학교	이노익	–	웨즐리언대학 예비과
홍승국	21	헤이스팅스대학 예비과	배병헌	–	커니사범학교
정태은	–	〃	신태림	–	미상
박길용	–	〃	오한수	–	〃
조오홍	11	헤이스팅스초등학교	이상진	–	〃
김용성	13	링컨시초등학교	남정헌	–	〃
정희원	–	캔사스 시 거주	이진일	–	〃
이희경	20	미상	호시한	25	오마하시공립고등학교
김 경	22	〃			

※ 안형주, 『박용만과 한인소년병학교』, 146~148쪽 재인용. 네브래스카 주 소재지는 州 생략.
※ 여기서 예비과란 대학준비과정인 아카데미를 당시 한인들이 일컫는 말이다.

처후가 교장이 된 것은 박용만이 대한인국민회 하와이지방총회 기관지 『신한국보新韓國報』 주필로 초빙된 데 따른 조치였다.

6년째인 하기 소년병학교는 1914년에 6월 16일 개교하여 20명의 학생이 입학하였다. 윤치호의 장남 윤영선尹永善, 이춘호李春昊도 소년병학교에서 영어를 공부하였다 한다. 졸업식은 8월 8일 거행되었는데, 이중 홍승국·조오홍·이정수 3명은 졸업 후 2년을 더 다닌 학생으로 특별증서가 수여되었다. 이것이 소년병학교의 마지막 학기였다.

소년병학교가 6년 만에 폐교된 가장 큰 이유는 일본 측의 항의 때문이었다. 즉, 1914년 여름, 샌프란시스코 일본총영사관의 이누이는 네브래스카 주에서 셔토쿼(chautauqua) 순회 연설회를 다니던 중, 네브래스카 한인 유학생들이 일본 총독부 타도계획을 세운다는 소식을 듣고 헤이스팅스로 가서 3일간 조사하였다. 조사 결과, 헤이스팅스대학에서 여름마다 무관학교가 열린다는 얘기를 들은 이누이는 근처 한인학생들을 만나 실상을 파악한 뒤, 헤이스팅스대학 크론 학장을 찾아가 항의하였다. 이에 크론 학장은 한인소년병학교에 더 이상 교정을 빌려주지 않겠다는 결정을 내리게 되었다 한다. 이외에도 1912년 12월 박용만이 하와이로 떠난 후, 소년병학교를 후원하던 병학교 후원자과 지도교사들의 다른 지역으로 이주 또한 학교 운영에 필요한 인력과 재정 부족으로 이어진 것 또한 무시할 수 없는 요소이다.

한인소년병학교는 6년간 170여 명의 학생이 등록하였는데, 이중 중복된 생도는 90여 명이었고, 졸업한 생도는 40여 명으로 추정된다. 미국의 근대식 군사훈련 모방과 군사고등학교의 영향을 받은 한인소년병학교의 마지막 학기 교과과정은 표 2와 같다.

한인소년병학교의 일과는 오전에는 노동과 학습, 오후에는 군사훈련, 밤에는 문학활동과 학습을 하였다. 따라서 생도들은 인문과목은 물론 사관에게 필수적으로 요구되는 군사학과 야외실습 등 고된 군사교육을 이수하였다. 또한 생도들은 사격연습은 물론 노래·스포츠·연극 등으로 군인정신을 고취하고 아울러 대외선전에도 활용하였다. 이때 한인소년병학교에서 불렀던 야구응원가 중 '소년남자가少年男子歌'라는 노래가 있다. 1절만 보면 다음과 같다.

무쇠 골격 돌근육 소년남자야
애국의 정신을 분발하여라
다다랐네 다다랐네 우리나라에
소년의 활동시대 다다랐네
(후렴)
만일 대적 연습하여
후일 전공 세우세
절세 영웅 대사업이
우리 목적 아닌가

위 노래는 1904년 10월 설립한 상동청년학원에서 체육시간에 운동명목으로 목총을 메고 군사훈련을 실시하면서 불렀던 군가가 러시아 블라디보스토크를 거쳐 한인소년병학교에 전해지면서 가사를 바꿔 부른

<표 2> 한인소년병학교 1914학년도 교과과정 및 교사진

교과목	과목별 분류	교사진	교과목	과목별 분류		교사진
국어 국문	문법 1등 2등	홍승국 김홍기	영어 영문	문법 1등 2등		박처후 양긍묵
	작문 1등 2등			작문 1등 2등		
	문학			문학		
한어 한문	한어 회화	신형호	일어	문법회화		박원경
	한문 작문	박장순				
수학	산술 1등 2등	백일규	역사	조선역사 1등 2등		이종철
	대수 1등 2등			미국역사 1등 2등		
	기하 1등 2등			열국혁명전사		
지지	만국지지	정희원	성서	구약 1등 2등		로이스
	조선지지 1등 2등			신약		
	군용지지 1등 2등					
이과학	식물학	이용규 이명섭	병학	연습과	도수조련, 집총조련	이종철 정희원 이 걸
	동물학 1등 2등				소중대 편제	
	물리학 1등 2등				야외조련, 사격연습	
	화학 1등 2등			병서과	보병조련, 군대내무서	
	화학측량법				육군예식, 군인위생	
					군법통용, 명장전법	

것으로 전해지고 있다. 다만, 1909년 7월 『대한매일신보』에는 한인야구단용 창가로 소개하고 있다.

이처럼 한인소년병학교는 자치기관을 만들어 법에 의한 구속력을 가하고 둔전병식으로 군인을 훈련하여 독립전쟁에 대비하고자 하는 박용만의 구상을 그대로 반영하였다. 해외 최초의 한인사관학교인 소년병학교는 이후 신흥무관학교에도 영향을 줄 정도로 항일무장투쟁을 선도하고 민족의식을 고취시키는데 커다란 역할을 하였다. 또한 소년병학교 출신들은 졸업 후 만주·러시아 등지에서 직접 독립군으로 항일무장투쟁을 전개하거나 미국 군대에 자원·입대하여 유럽전선에서 싸우다 전사하는 등 한·미 양국 간에 공헌하였다. 이 학교 교관과 후원자는 문양목·박장순·이명섭·남정헌·방사겸·정태은·김원택·신형호 등 대동보국회 출신들이 주류를 이루었고, 소년병학교 출신인 정한경·유일한·한시호·신형호·홍승국·김용성·김현구 등은 이후 재미한인사회의 실질적인 중견 지도자로 활동하며 국권회복운동을 전개하였다. 또한 소년병학교는 향후 1910년대 미주와 하와이는 물론 멕시코까지 영향을 미쳐 해외 한인들의 군인양성운동에 기폭제 역할을 하였다.

신한민보 주필로 부임하다

박용만이 가장 왕성한 활동을 펼친 시기는 1908년부터 1912년 대학 재학 중인 시기였다. 1908년 9월 15일 네브래스카대학에 입학하여 1912년 8월 졸업한 그는 정치학을 전공하면서 ROTC에 입단하여 군사훈련을 받기도 하였다. 4년간 수강 과목은 미국사·군사학·정치학을 비롯하여 철학·교육학·영문학·수사학 등 인문학, 영어·독일어·불어 등 어학, 수학·천문학·화학·생물학 등 이과학, 그리고 군사조련이었다. 특히 미국사·정치학·군사학에 많은 할애를 하였으며, 1909년 여름에는 ROTC과정의 일환으로 링컨 시와 오마하 시 중간에 위치한 애쉬랜

드Ashland에서 야외훈련을 받기도 하였다. 그러던 중, 3학년 때인 1911년에는 『신한민보』 주필로 샌프란시스코에 가게 되자, 시험연기수속을 하면서도 모든 과목을 우수한 성적으로 이수하는 열성을 보였다. 이외에도 한인학생들이 그를 좇아 네브래스카대학이 위치한 링컨시로 찾아들자, 대학 근처에 집 한 채를 빌려 기숙사를 마련하고 학생들을 기숙시키면서 그들의 학업 등을 지도·감독하기도 하였다.

이처럼 대학 수업과 한인학생을 위한 기숙사 운영, 『국민개병설』 집필 등으로 바쁜 나날을 보내면서도 그는 소년병학교의 부족한 재원을 마련하기 위하여 1910년 여름방학을 이용하여 캘리포니아 각처를 순행하였다. 이때 샌프란시스코에 들린 그는 대한인국민회 북미지방총회 기관지를 발행하고 있던 신한민보사를 방문하여 사장 최정익崔正益과 함께 재미한인의 전도前途 방침을 논의하였다. 이때 그는 학업을 잠시 접고 주필직을 맡기로 약속한 후 소년병학교로 귀환하였다.

그렇다면 박용만이 미국에 건너온 후 심혈을 기울여 설립했던 소년병학교와 네브래스카 주 대한인거류민회의 활동을 보류하고 대한인국민회 기관지인 『신한민보』 주필직을 수락한 이유는 무엇일까.

이를 알기 위해서는 1909·1910년 당시 재미한인사회의 상황을 살펴볼 필요가 있다.

1909년 2월, 하와이 한인합성협회와 북미 공립협회가 하나로 통합되면서 국민회가 창립되었다. 국민회 창립은 사실상 재미한인사회의 통일기관이자 최고기관으로 탄생한 것이었다. 국민회는 창립 직후부터 해외한인이 거주하는 모든 곳에 지방회를 조직하여 이를 총괄하고, 이를 바

| 링컨시 한인학생기숙사에서(맨우측 측면으로 보이는 사람이 박용만이다)

탕으로 독립전쟁을 통하여 국권을 회복한 후 국민국가를 건설하려는 방
략을 추진하고 있었다. 이른바 통일연합론統一聯合論이다. 그 결과, 1910
년대 국민회는 미주와 하와이, 멕시코를 비롯하여 만주와 러시아 등지
에 지방회를 건설하고 해외한인의 최고기관으로 자리잡아가고 있었다.
따라서 국민회는 향후 해외 각지의 한인단체를 관장할 중앙총회 설립이
시급과제로 떠올랐다.

　1910년 5월 대동보국회마저 통합하면서 명실상부한 최고통일기관
으로 자리 잡은 국민회는 회명을 대한인국민회로 개칭하였다. 그런데

1910년 6월, 한국이 일제에 강제 병합될 것이라는 소식이 들려오자, 대한인국민회는 일제에 투항한 융희황제(순종)를 대한제국 군주君主로 전면 부정하면서 국민을 대표하는 정부 수립을 천명하였다. 이러한 인식은 명목상이나마 대한제국이 존속하고 있는 상황에서 대한제국과 황제를 부정하고 새로운 국민국가를 건설하려는 혁명적 인식전환이었다.

이에 따라 1910년 7월 대한인국민회는 일제의 강제병합 반대투쟁을 위해 애국동맹단을 결성하고, ① 일본과의 관계를 일체 단절하고 국제상 관계가 발생할 때에는 국민회가 재미한인을 대표할 것, ② 한국과 조약을 체결한 각국 정부에 공문을 보내 일제의 한국강점을 부인하고 국제상 관계는 국민회가 재미한인의 대표임을 주지시킬 것을 결의하였다. 또한 대한인국민회는 대한국민은 일치단결하여 전면적인 항일운동을 전개할 것과 장차 완전한 정부를 조직하고 대한제국정부와 이미 각국과 체결한 조약을 서로 준수할 것을 선언서에 명백히 표기하여 발송하기로 하였다. 이 결의는 멸망한 대한제국을 대신하여 대한인국민회를 재미한인의 자치기관이자 대표외교기관으로 확립하고자 하는 것과 동시에 장차 대한제국을 대신할 '완전한 정부'를 수립하려는 의도였다.

1910년 8월 대한제국이 강점당하자, 대한인국민회는 동년 9월 "우리는 마땅히 마음을 합하여 내한민족의 단체를 공고히 하며 우리 손으로 자치하는 법률을 제정하며 공법公法에 상당한 가정부假政府를 설시함이 목하에 급무라"고 선언하여 한인이 스스로 다스리는 임시정부 수립을 촉구하였다. 여기서 주목할 것은 대한인국민회가 국가를 대신하여 민족을 국권회복과 새로운 국가 건설의 주체로 인식하였다는 점이다. 바로 이러한 시기에 최정익과 박용만이 만났던 것이다. 따라서 최정익은 박용만과 임시정부를 수립하기 위한 방략을 논의하면서 정치적 식견이 뛰어난 박용만에게 그에 필요한 여론 형성을 부탁하였을 것이다.

이들의 만남이 있은 지, 두 달이 채 못된 1910년 10월 5일 기관지 『신한민보』에 「대한인大韓人의 자치기관自治機關」이란 논설이 실렸다.

> 오늘 우리는 나라가 없는 동시에 정부도 없으니 …… 오늘에 나라가 없어진 것도 우리의 자치제도가 완전히 못하였던 연고이며 내일에 국가를 회복함도 우리의 자치제도가 완전한 연후의 일이라. 그런고로 우리의 급급히 할 바는 일반 국민의 자치력을 배양하며 자치제도를 실행하는데 있도다. …… 내가 돌아보건대 국내국외를 물론하고 순전한 대한정신으로 대한 민족의 복리를 도모하며 대한국가의 명예를 회복하기를 독일무이한 목적을 정한 자 대한인국민회 밖에는 없을지니 …… 오늘에는 대한인의 국민단체를 위하여 헌신할지며 …… 대한인의 국민단체에 마음을 기울여 완전한 자치기관을 정할지어다. ……
>
> 미주에 있는 동포는 국가에 대한 세납의 의무를 대신하여 사회에 공헌하기로 의논이 일치하며 하와이에 있는 동포는 국민회의 중앙기관을 속히 설립하기로 제의가 되어 유지제공의 의견이 일치하니 이로써 보건대 대한인국민회는 국가인민을 대표하는 총기관이 확연히 되었도다. 이제 형질상의 구한국은 이미 망하였으나 정신상의 신한국은 바야흐로 울흥하기를 시작하니 어찌 희망이 깊지 아니함이요. 고로 본 기자 이에 대하여 두어 가지 의견을 제공에게 제창하여 연구하는 재료를 삼게 하노라.

一. 중앙총회는 대한국민을 총히 대표하여 공법상에 허한 바 가정부의 자격을 의방하여 입법 행정 사법의 삼대기관을 두어 완전히 자치제도를 행할 일.

一. 내외국인이 신앙할 만한 명예 있는 이를 받들어 총재를 삼아 중대사건을 고문케 할 일.

一. 회원과 아님을 물론하고 각국 각지에 있는 대한국민에게 그 지방 생활정도를 따라 얼마씩 의무금을 정하여 전체 세입세출을 정관할 일.

一. 일체 회원은 병역의 의무를 담임할 일. 다만 연령에 따라.

민주주의에 입각한 지방자치, 임시정부 수립, 회원 비회원을 막론하고 법으로 구속하여 의무금을 납세케 한다는 구상, 그리고 '국민개병설' 등 평소 박용만의 주장과 거의 유사한 이 글은 국내외를 물론하고 한인 최초로 임시정부 수립을 제창한 것이었다.

박용만 또는 최정익의 글로 추정되는 위 논설의 주안점은 대한인국민회 중앙총회를 설립하여 국가인민을 대표하는 총기관으로 삼을 것을 의결한 데 있다. 그런데 여기서 언급하는 국가인민을 대표하는 총기관은 한인의 대표자치기관과 임시정부라는 의미가 동시에 내포되어 있다. 즉, 대한인국민회는 먼저 중앙총회를 국가인민을 대표하는 한인사치기관으로 설립한 후, 입법·사법·행정 등 3권분립에 의한 자치제도를 실시하고 향후 여론을 수렴하여 임시정부로 전환할 것을 계획한 것이었다. 국내외 모든 한인들을 대상으로 '국민의무금'이란 이름으로 수세收稅하려는 계획이 이를 반증한다. 다시 말해 이 논설은 비록 여론수렴을

| 문양목

위한 제안에 불과하지만, 대한제국 멸망을 공식화하고 국내외를 막론하고 한인 최초로 국민국가에 바탕한 임시정부 수립을 염두에 둔 선언이었다.

이러한 분위기 속에 1910년 12월 22일, 대한인국민회 북미지방총회는 1911년도를 이끌어 갈 총회장을 선출하였는데, 당선자는 바로 문양목이었다. 문양목은 박용만이 미국에 도착할 때부터 한인소년병학교 후원까지 물심양면으로 도운 가장 든든한 벗이요, 후원자였다. 또한 1910년 11월 『신한민보』에 기고한 「국민단체완전책」이란 글에서 보여주듯이, 기본적으로 박용만이 구상하는 원대한 포부에 대해 뜻을 같이하는 인물이었다.

그런데 총회장에 당선된 문양목이 박용만에게 대한인국민회 일을 함께 하자고 권유하였을 때, 박용만이 학업을 이유로 거절하는 바람에 1911년 1월경, 문양목이 직접 링컨으로 달려와 설득 끝에 승낙을 얻어내었다는 한다. 단, 조건은 6개월 동안 국민회 회무를 정돈한 후에 다시 학업을 계속한다는 조건이었다.

임시정부 건설을 주창하다　　　1911년 1월 박용만은 멀리 네브
래스카 주에서 '무형국가無形國家'

를 조직하기 위해 『신한민보』 주필로 취임한다고 선언하였다. 그가 임
시정부를 무형국가라 이름한 것은 "원래 국가의 성립은 백성과 토지로
기초를 삼고 법률과 정치로 집을 만드는 것이라. 그러나 시방 우리는
백성은 있고 토지는 없어 불가불 남의 토지 위에서 집을 지을 수밖에 없
는 고로 무형한 국가"라고 이름하였다.

　이어 네브래스카대학 봄학기를 휴학하고 2월 26일 샌프란시스코에
안착한 박용만은 최정익·문양목과 함께 트로이카 체제를 구축하며 대
한인국민회를 임시정부로 만들기 위한 초석을 놓기 시작하였다. 부임
후 3월 4일 샌프란시스코지방회 회원으로 가입한 그가 가장 먼저 추진
한 것은 중앙총회 설립이었다. 이전까지 단지 명목뿐이었던 임시중앙총
회를 정식으로 설립하자고 논의한 끝에 1911년 3월 중앙총회를 정식으
로 설립하고 중앙총회장에 최정익, 부회장에 한재명을 선출하였다. 그
러나 이는 회장과 부회장만 선출하였을 뿐 완전한 골격을 갖춘 조직은
아니었다. 또한 뒤를 이어 중앙총회를 임시정부로 조직하기 위한 국민
여론 수렴과 더불어 국시國是를 통해 정치·법률로 조직을 구성할 것을
결정하였다. 이에 따라 중앙총회장 최정익은 각 지방회를 순행하며 여
론을 환기하였고, 정치적 식견이 남달랐던 박용만도 일반 국민회원들을
대상으로 임시정부 수립에 대한 당위성을 고취하기 시작하였다.

　동년 3·4월, 미국과 일본 사이에 전쟁이 일어날 것이라는 설說이 떠
돌자, 이를 '조선'의 독립기회로 포착한 박용만은 먼저 사회조직인 대한

인국민회를 정치조직인 '무형국가'로 건설할 것을 주장하는 한편, '조선 독립을 회복하기 위하여 무형한 국가를 먼저 설립'해야만 국권회복이 가능하다고 하였다. 이 무형국가를 설립하기 위해서는 첫째, 일반 국민단체를 정치적 제도로 조직하고 둘째, 정치조직과 사회조직을 구별하며 셋째, 모든 권리를 일반 동포에게 요구해야 한다고 하였다. 여기서 그가 제시한 정치조직은 "조선민족을 한 헌법 앞에 관할하여 한 무형한 국가를 설립하자 함이니 가령 우리 시방時方(필자) 북아메리카와 하와이와 해삼위와 만주에 있는 조선사람들은 …… 다 일체로 그 공회에 속하게 하여 법률을 이같이 정하고 제도를 이같이 꾸며 뜻이 같던지 의견이 다르던지 감히 이 범위에서 벗어나지 못하도록" 하자는 것이었다.

이어 그는 이 무형국가의 건설이 "마땅히 미주와 하와이 한인으로부터 시작"해야 한다고 하면서 "북아메리카 대륙은 한인의 새 나라를 만드는 땅이 되어 장차 조선역사에 영광스러운 이름을 더하게 되고 또 북아메리카대륙에 나온 한인은 자기들의 새 정체를 조직하여 장차 조선헌법의 아버지"가 되어 "조만간 한 무형한 국가를 성립"하여 "누구든지 무릇 조선 산하에서 생장하여 조선백성이라는 이름을 가진 자는 감히 이 범위 밖에 벗어나지 못하도록" 할 것을 촉구하였다. 이러한 그의 사고는 당시 유행하던 사회진화론의 주체를 국가가 아닌 민족으로 설정한 인식에서 비롯된 것으로 보인다.

이와 더불어 그는 국권회복 후 건설할 신국가의 국호에 대해서도 자신의 견해를 피력하고자 하였다. 그러나「신민보씨申民甫氏의 원정」이라는 글을 통해서 그가 제기한 국호문제는 당시 재미한인사회에 커다란

파장을 일으켰다. 이미 기관지 이름을 『신한민보』와 『신한국보』라고 한 데서 알 수 있듯이, 대한인국민회는 창립 초기부터 '대한ᄉᆞ韓'이라는 국호를 선택하여 사용하고 있었기 때문이었다.

풍자적인 이야기 형식으로 전개되고 있는 「신민보씨의 원정」은 판결사에 주필朱弻, 재판장에 허무許蕪, 관련자에 한국인韓國仁과 조선민趙先民 등 4인이 등장하고 있다. 여기서 주필은 『신한민보』 주필인 자신을 의미하며 한국인은 한국사람, 조선민은 조선백성으로서 각기 한국과 조선을 국호로 사용하고자 하는 집단을 의미한다.

「신민보씨의 원정」은 먼저 상항桑港에 거주하는 신민보 씨는 상제上帝가 파견한 순회재판관 허무 씨에게 글을 올려 당시 여론이 분분하던 집안의 성씨를 한씨(대한)와 조씨(조선) 중 어느 것을 선택해야 하는가 처분을 구하였다. 이에 재판관은 한국인과 조선민을 법정으로 불러 각자의 정통성에 대해 변론하도록 하였다. 여기서 상항은 당시 대한인국민회 북미지방총회 회관이 위치한 곳이자 재미 한인이 가장 많이 거주하고 있던 샌프란시스코를 지칭하며, 신민보는 북미지방총회 기관지인 『신한민보』와 하와이지방총회 기관지인 『신한국보』를 통칭한 것이며, 집안은 국가, 성씨는 국호를 의미하는 것이다.

먼저 등단한 한국인은 조선이라는 호칭이 첫째, 단군시대 이외는 모두 중국인이 지어준 것이요 둘째, 일인의 결제를 받고 비위를 맞춘다고 비판하면서 삼한정통론三韓正統論과 대한제국의 자주독립성을 들어 '한국'의 정통성을 주장하였다. 반면에 뒤이어 등단한 조선민은 삼한은 외지이주민으로 구성된 집단이자 통일된 집안을 분열시킨 장본인이며, 대한제국 역시 집안을 망치고 욕보인 장본인이라고 하면서 삼한정통론과 대한제국의 자주성을 강한 어조로 비판하였다. 또한 조선이라는 호칭이 '일인의 결제를 순종하고 일인의 비위를 맞춘다'는 비난에 대해, 조선민은 일제가 한국 민중으로 하여금 자기 나라의 역사와 이름을 망각시키고자 하는 고도의 기만술에서 나온 것이라고 하면서 "조선의 영광과 조선의 문명은 기자조선 일천 년과 이씨조선 오백 년"이라고 조선정통론을 강력히 주장하였다.

이러한 양자의 의견 개진 후 판결사 주필은 그 판결을 일반 독자에게 유보하고 있다. 이 마지막 결론 유보는 당시 주필인 그의 입장을 대변하는 것이었다. 즉 박용만은 1910년대 초반 미주 한인사회에서 분분하였던 '조선'과 '대한'의 국호사용논쟁을 정리하면서 당시 다수의 한인이 지지한 '대한'보다는 '조선'을 국호로 채택하려는 자신의 견해를 공론화시키고자 하였다. 그러나 '조선'을 국호로 채택하려는 그의 견해가 상당한 반발에 부딪치자, 그는 결론을 유보하고 말았다.

이처럼 그의 '무형국가론'과 국호론은 당시 재미 한인사회에 커다란 반향을 불러 일으켰고, 반대 또한 만만치 않았다. 이에 그는 정치기관인 '무형국가'의 설립 목적을 "첫째는 오늘은 우리 사회에서 우리 회원만 관할하나 장차는 바다 밖에 나온 한인을 다 관할하자 함이요. 둘째는 의무와 권리를 분간하여 자치제도를 실행하자"는 것이라고 하면서 "국민회의 중앙총회를 조직한다 하여도 이미 만들어 놓은 법률도 없고 무슨 차례를 정한 것도 없이 다만 총회장 하나만 뽑아 놓았으니 대저 총회장은 무슨 법률에 빙거하여 일을 처판하며 무슨 권리를 가지고 일을 행하며 재정은 어디서 얻으며 명령은 누구에게 전하리오"라고 한 뒤 "사람들이 으레 말하기를 중앙총회장을 뽑고 각 임원을 조직한 후에 소위 규칙을 정한다 할지니 이는 다만 전제정치 아래서 생장하여 소위 백성의 정치상 권리라고는 통성도 못한 백성들이라"고 당시 미주 한인들의 사고를 강력하게 통박하였다. 이 견해는 해외 한인을 통일하고 결속시키기 위해서 먼저 헌법을 제정하고 정치적으로 여기에 복종시켜 '무형국가' 또는 '자치정부'로 개편해야 한다는 주장이었다. 이는 또한 당시 설립된 중앙총회가 명칭과 총회장만 있는 허울임을 비판하면서 중앙총회를 정식으로 조직하여 정부형태의 기관으로 전환할 것을 주장하는 것이었다.

약 석 달여에 걸쳐 미주한인사회에 '무형국가' 수립 여론을 환기시킨 박용만은 1911년 5월 중순부터 3주에 걸쳐 본격적으로 '무형국가'에 대한 조직론을 전개하였다. 그는 다음과 같이 조직의 대강大綱을 제창하였다.

① 외국에 나온 조선민족을 마땅히 무형한 국가와 무형한 정부 앞에 통합할 일
② 완전한 헌법을 정하여 일반 한인이 법률상 공민이 될 일
③ 사람마다 의무를 남낭하고 권리를 이용하게 할 일
④ 정치적 구역을 나누어 행정기관이 효력을 얻게 할 일
⑤ 중앙총회로 권리를 모아 법률을 의지하여 호령이 실행케 할 일

이러한 박용만의 노력 끝에 마침내 재미한인들도 "중앙총회는 곧 가

정부(假政府)가 되어 행정기관의 머리가 되고 각 지방총회는 총독부가 되어 정부명령을 드대여 관할한 바 각 지방을 관할하고 또 각 지방회는 지방정청이 되어 민권을 통히 차지하고 자치제도와 대의제도로 헌법을 만들어 우리 인민된 자는 남녀노소를 물론하고 다 그 안에 있어 상당한 세납으로 동일하게 담당하여 가정부 국고금을 만들어 일만인을 다스리게 하고자 함이라"고 인식하거나 "대저 나라라 하는 것은 3가지를 합하여 성립된 것이니 첫째는 백성이오 둘째는 정치기관이오 셋째는 토지라 …… 대개 한 무리 백성이 있어 정치기관을 조직하여 가지고 어딘지 다소간 토지를 점령하면 곧 나라를 성립함이라 …… 나의 소위 정치기관을 세우는 것이 미국에 있는 동포의 책임이라 함은 이 일을 먼저 우리가 시작하자 함이라. 어디서든지 의론을 일으켜 사람 있는 곳마다 대표자를 뽑아 먼저 헌장을 만들고 다시 제도를 만들어 한 유형한 정부를 조직하여 한 무형한 국가를 만들되 나는 무슨 님군을 두거나 대신을 두자하는 것이 아니라 다만 일반동포가 자치제도를 실행하야 정치법률로 기관을 만들고 그 기관으로 우리를 다스리게 하자"고 인식하게 되었다.

이에 따라 대한인국민회는 1911년 6월부터 해외의 모든 한인에게 '무형국가론'에 따른 국민의무금 제도를 시행하면서 사실상 재미한인의 자치정부로서 위상을 갖추자, 박용만에게 무형국가의 틀에 걸맞은 헌장憲章을 기초하도록 하는 등 중앙총회 설립에 박차를 가하였다. 이 시기 박용만은 논설을 쓰는 바쁜 와중에서 저술에 몰두하여 4월에는『국민개병설國民皆兵說』과 7월 4일에는『군인수지軍人須知』를 발행하기도 하였다.

이처럼 재미한인들 사이에 대한인국민회를 임시정부로 인식하는 분위기가 확산되자, 박용만은 1911년 6월 8일 샌프란시스코를 떠나 네브래스카 주로 향하였다. 그가 떠난 이유는 6월에 개학하는 한인소년병학교 업무를 관장하기 위한 것이 첫째요, 다음은 소년병학교 하기군사훈련 종료 후 학업을 계속하기 위함이었다. 이는 주필 부임시 국민회 일이 정돈될 때까지만 일을 맡기로 한 약속에 의한 것이었다. 그렇지만 당장

| 1911년 신한민보사에서 발행한 『국민개병설』

에 주필을 구할 수 없는 까닭에 네브래스카 주에서도 주필 업무를 계속하기로 하였으며, 대신 박용만의 궐석으로 인한 편집사무는 일본 유학을 거쳐 로스앤젤레스에서 유학 중이던 강번姜蕃을 초빙하여 담당하게 하였다.

한편, 박용만이 떠난 후 1911년 8월경 만주와 시베리아 지역에 건립된 각 지방회에서는 자신들을 총괄할 지방총회의 설립을 중앙총회에 요청해 오는 등 중앙총회 건립은 시급을 요하게 되었다. 이에 따라 중앙총회장 최정익은 1911년 8월 중앙총회 대표원의 승낙을 얻어 총무 김성권, 서기 강영소, 재무 주원, 학무원 방화중, 법무원 이병호, 외교원 이순기 등 중앙총회 임원을 선정하고 중앙총회를 발족시켰다. 중앙총회

가 발족되자, 박용만은 대한인국민회 헌장을 기초한 후 초안을 가지고 1911년 9월 초 샌프란시스코에 도착하였다. 약 2주간 머물면서 초안을 놓고 중앙총회 임원들과 논의한 그는 제출된 의견을 종합하여 헌장을 정리한 뒤 대표회에 제출하기로 하였다. 그리고 9월 하순, 『신한민보』 주필을 전격 사임하면서 '무형국가'로 설립되는 중앙총회에 대해 모든 회원에게 '국민'의 권리와 의무로써 주권을 행사할 것을 당부하였다.

대개 오늘의 정치는 일반 국민의 사상이 원위가 되어 집정자로 하여금 그 정신을 대표케 할 따름이니 우리 국민이 과연 정치적 조직을 실행코저 할 진대 먼저 정치적 조직 밑에 설만한 국민의 자격을 가지고 사람마다 정사에 참여하는 권리를 깨달은 후에야 그 정치가 완전히 행할지라. 만일 정치적 조직의 규모를 반포하는 날에 이해는 돌아보지 않고 다만 복종하기만 일삼으면 이는 전제정치에 가까운 것이오 만일 복종하기를 거스려 가부의 비평을 더할 지경이면 이는 아직도 그 정도가 유치하여 헌법의 뜻을 해석지 못함이라. 그런고로 오늘에 정치적 조직에 대하여 그 실행여부는 먼저 일반국민이 국민될 만한 자격을 가지고 상식을 예비함에 있다 하노라 …… 이 세상은 형식을 귀히 여기지 않고 그 정신을 중하게 아나니 직접으로 정부政府라 하는 글자를 써야만 정부로 알고 인민의 생명재산을 보호하는 기관이라 하면 정부로 인정하지 못하는 연고가 아닌가. 우리 국민회의 목적을 내려보는 자 누구든지 정치적 이외에는 다른 것이 없으며 마주 하와이 원동 각처에서 행하는 일동일정이 정치적 행동 이외에는 다른 것이 없는 바이늘 정치조직의 문제를 오히려 해석지 못하고 이와 같은 의문이 생기는 것은 실로 아직껏 명도가 차지못한 증거를 표명할 뿐이로다 …… 향일에 창도한 바 정치적 조직이란 문제를 본 기자로서 해석할진대 이는 국민회의 명칭을 변하여 무슨 국國이라 하자는 것도 아니오 오늘 조직체를 변하여 정부라 칭하자는 것도 아니오 그 회명과 그 조직체는 의연히 그대로 있어 그러하되 그 행하는 정사를 일층 더 확장하여 회원에만 정한 협착한 길을 고쳐 일반동포로 하여금 정사에 참여하게 하자는 뜻이니 이는 다만 국민회의 장정을 다소간 변경하여 입법 행정 사법 세 길을 완전히 하자는 뜻이라. 그런고로 이 문제를 실행키 위하여 중앙총회에서 헌장을 기초하는 중이니 이 기초하는 헌장이 준공되는 날에는 일반동포의 의견을 거두어 실행할 뿐이라. 그런즉 우리들은 국민의 권리를 호말이라도 잃지 말기를 주의할 것이오 국민의 의무를 조금이라도 등한히 말기를 자부할 것이라 …… 그런고로 우리 신한국민은 전일에 몇 사람의 손으로 농락하던 전제정치를 박차고 츰밧아 이 세상에 용납지 못하게 할 것이오 일반 인민의 사상을 통괄하여 국민의 정신을 대표할 만한 자로써 정사를 행케 하여 일반국민이 공식으로 인정하는 법률은 우리가 스스로 제징한 법률이니 우리가 스스로 복종할 의무가 있는 줄을 깨달은 후에야 그 가운데서 가정부假政府가 변하여 진정부眞政府가 되어 무형한 국가가 자라서 유형한 국가가 될지니 우리는 각가 우리의 예비할 바를 먼저 예비하며 우리의 실행할 바를 먼저 실행함이 옳도다. 근일 미주에서 행하는 바 국민의무금과 하와이에서 행하는 바 인구조사가 모두 정치적 행위로부터 나오는 일이라. 우리 동포가 과연 정치적 조직의 귀중한 뜻을 깨달으며 무형한 국가를 스스로 깨우는 공민이 되고자 할진대 응당 목하에 행하는 일에 일치하는 정신이 없지 못함이라 하노라.

　이 글에서 박용만은 '무형국가' 즉 '임시정부' 수립에 대한 당시 재미 한인의 인식을 언급하고 있다. 당시 한인들은 대한제국을 인정하지 않고 신국가로서 건설되는 대한인국민회의 '임시정부' 건설인식에 대해 비판적인 시각이 상당했음을 뜻하는 것이다. 이에 박용만은 다소 유연한 태도로 '임시정부'를 목적으로 설립되는 대한인국민회 중앙총회에 대해 '정부'란 용어를 쓰지 않음으로써 이러한 반대세력들의 비판을 누그러뜨리려 하였다. 여하튼 박용만의 '무형국가' 수립론은 이후 대한인국민회 회원들에게 국민회가 "우리 국민의 가정부의 총기관" 즉 "국민회의 신성함이 해외 한인의 표준이 되어 …… 설비와 조직이 신성하여 미래의 정부를 대표"하고, "중앙총회는 전부 국민회를 통할한 기관이오 한 나라 정체로 말하면 일체 법령을 발하는 중앙정부라 …… 오늘날 국민회는 한국의 무형한 정부"로 인식하는 계기를 마련하였다.

　한편, 박용만이 헌장을 제출한 후 급히 주필직을 사임한 것은 시급히 해결해야만 하는 문제가 발생했기 때문인데, 그것은 다름 아닌 멕시코 한인의 하와이 이주문제였다. 멕시코 한인의 이주문제는 국민회에서도 2년여간 추진한 문제였던 까닭에, 박용만을 적임자로 보고 그에게 이 문제에 전력하도록 주필 사임을 수락한 것이었다. 그렇다면 2년여간 추진된 멕시코 한인의 하와이 이주문제는 무엇인가.

　1909년 5월 멕시코한인 1,000여 명이 4년간의 노예이민을 끝내고 해방되었으나 이들의 생활이 막막해지자 국민회에서는 멕시코 한인의 하와이 이민을 추진하였다. 그 결과 1911년 하와이이민국과 샌프란시스코이민국으로부터 멕시코 한인의 상륙허가를 얻어냈다. 이에 따라 국민회 중앙총회는 멕시코 한인의 하와이 이주 총대리인으로 유력한 미국인을 선임하여 총대리인으로 삼은 후 위임장을 수여하고 일을 추진토록 하였다. 이에 맞춰 멕시코 한인사회에서도 이근영 등 4인을 대표로 하와이로 파견하여 1911년 9월 이근영 등 4인이 샌프란시스코에 도착하였다. 그러나 하와이 출발선편인 사이베리아 호의 출발이 늦어져 2주 동안 샌프란시스코에 머무르게 되자, 북미지방총회는 이민국에 보증을 세워 이들의 상륙을 주선하였다. 그러나 샌프란시스코이민국에서는 이들의 상륙은 이민조례에 위반되므로 워싱턴 상공부에 청원하였으니 회답을 기다리라고 하였다. 즉 멕시코 한인의 하와이 이주문제는 이민국이 아닌 미국 상공부와 직접 해결해야만 하는 문제로 바뀐 것이다. 이에 중앙총회에서는 박용만과 상의 끝에 멕시코 한인의 하와이 이주문제를 박용만에게 위임하였다. 1912년 1월 뉴욕을 거쳐 워싱턴에 도착한 박용만은 미국 상공부장관과 만나 회담하였으나, 국민회가 미국 상공부를 대상으로 소송을 준비하는 것은 이후 재미한인의 장래와 멕시코동포의 미국 이주를 영원히 금지시킬 수 있다는 미국 측의 강경자세로 인해 소송계획을 철회할 수밖에 없었다. 따라서 국민회에서 준비한 멕시코 한인의 하와이 이주문제는 끝내 실패로 끝나고 말았다. 이후 그는 네브래스카 주로 돌아가 한인소년병학교를 관장하는 한편, 마침내 1912년 8월 9일 네브래스카대학 정치학과를 졸업하고 10월까지 링컨에 머물렀다.

한편, 1911년 11월 하순 대한인국민회 헌장 초안이 탈고되자, 북미지방총회에서는 11월 23일부터 12월 4일까지 10일간에 걸쳐 대의회를 개최하고 총 20개 조항을 의결하였다. 이중 주요한 것을 적기하면, ① 『신한민보』의 출판권을 북미지방총회에서 중앙총회에 양여하여 국민회의 총기관지로 삼고, ② 원동지역의 각 지방회를 중앙총회의 직접 관할로 이관하며, ③ 샌프란시스코에 있는 북미지방총회는 로스앤젤레스지방으로 이전할 것 등이었다. 이는 그동안 명목상으로 존재했던 중앙총회가 실질적 활동을 개시하고자 하는 것을 뜻하는 것이며, 헌장은 사실상 헌법의 역할로 기능하는 것이었다.

1912년 2월 15일 대한인국민회는 국가주의로 국시國是를 정할 것을 촉구하면서 중앙총회 대표원회의를 개최하였다. 중앙총회 대표원회의에서는 수청지방총회·만주리아지방총회·시베리아지방총회를 정식으로 인준함으로써 5개 지방총회를 거느리게 되었다. 이는 중앙총회가 원동지역 지방총회 설립을 인준함으로써 국민회는 본격적으로 해외한인의 최고기관으로 자리 잡게 되었음을 뜻하는 것이었다. 그리하여 중앙총회에서는 중앙총회 대의회를 개최하고자 각 지방총회에 대표원을 선출하여 파견해 줄 것을 요청하였다. 그 후 1912년 10월 15일 중앙총회 제1차 대표원의회 개최일자와 각 지방총회에서 선출된 중앙총회 대표원을 공고하였다. 중앙총회 대표회에 참석 대표원으로 선출된 사람은 북미지방총회 이대위(의장)·박용만·김홍균, 하와이지방총회 윤병구·정원명(유고부진)·박상하, 수청지방총회 강영대·김병룡(유고부진)·유국주(유고부진), 만주리아지방총회 안창호·강영소·홍언이었으며, 시베리아지방총회는 이때까지 정식 인준을 얻지 못하여 대표원을 공선하여 보내지

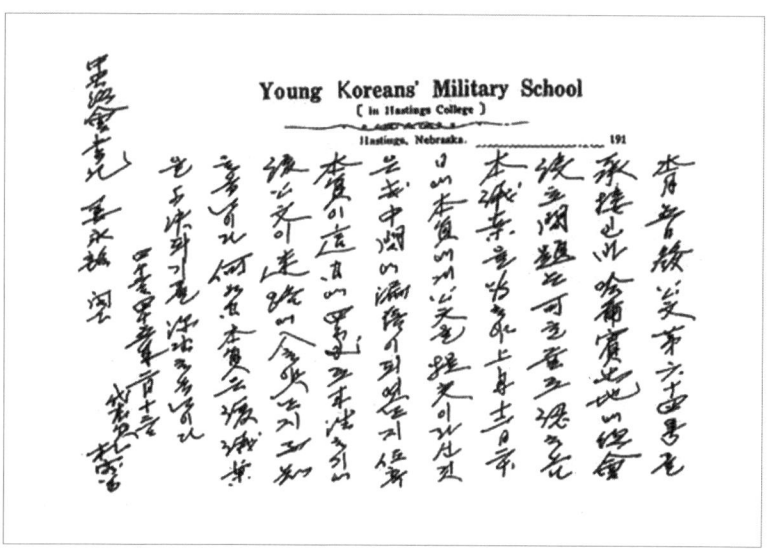

| 1912년 2월 박용만이 중앙총회에 보낸 편지(소년병학교 편지지를 사용하고 있다)

않았다.

　1912년 11월 8일 개최된 중앙총회 제1회 대표원 의회는 11월 29일 까지 약 20여 일에 걸쳐 진행되었다. 이 중앙총회의 의회 소집은 대한민 족의 자치기관인 대한인국민회가 사상 최초로 입법회의를 개최하는 것 이었다. 이 의회에 참석한 박용만은 중앙총회 외교원으로 선임되었다. 중앙총회 대표원 의회에서 의결한 사항은 다음과 같다.

대한인국민회중앙총회 제1차 대표원의회 의결안

1. 현행하는 장정을 수정하여 헌장 76조목을 제정할 일

2. 조국역사를 편찬할 일

3. 교과서를 제정할 일

4. 미주와 하와이 두 지방총회의 기관보를 중앙총회에 양여함을 요구할 일

5. 회기會旗를 제정할 일

6. 장(인환-필자)의사의 감형운동을 행할 일

7. 하와이지방총회의 발기한 실업과 외교기관 설치안은 중앙총회에서 상당한 권고를 발할 일

8. 원동 각 지방총회의 세납은 해 지방정형을 참작하여 적당히 감정할 일

9. 원동 각 회의 자치규정은 그 나라 정체에 저촉이 없도록 따로히 제정하여 쓰게 할 일

10. 본회 휘장徽章을 확일하게 지정할 일

11. 현임 중앙총회장에게 수로금을 교여할 일

12. 다음 기한의 중앙총회장과 부회장을 선거할 일

    출석 대표원의 투표과반수로 공선함이 여좌함

    총회장 후보 윤병구 3표 피선, 후보 안창호 2표

    부회장 후보 황사용 4표 피선, 후보 한재명 1표

13. 피선한 중앙총회장의 제출한 임원선거안을 승낙할 일

    중앙총회 임원

    총무 정칠래鄭七來, 서기 강영소姜永韶, 재무 박영순朴永淳

    학무원 민찬호閔贊鎬, 법무원 주원朱 元, 외교원 박용만朴容萬

14. 본년도 결산안을 조사하여 의회에 통과한 일

15. 명년도 수입과 지출의 예산안을 경의통과함이 여좌한 일

4245년 11월 8일 개회,   동 11월 30일 폐회

출석 대표원(가나다 순서)

강영소(만) · 김홍균(미) · 이대위(미) · 박용만(미) · 박상하(하) ·

안창호(만) · 윤병구(하)

1항에서 당시 통용된 국민회 장정은 초창기 시대의 것이므로 1912년 발전된 국민회의 형편에 맞춰 장정을 수정하여 헌장憲章을 작성하였다. 장정과 헌장에서 차이가 나는 것은 재정편에서 회금會金을 의무금義務金으로 규정한 것과 선거편과 벌칙편에서 다소 수정한 것이었다. 헌장수정위원은 박용만·안창호·박상하였다. 회금의 의무금으로의 변경은 국민회가 '자치정부'로서 회원들이 아닌 '국민'들에게 수세하려는 인식을 반영한 것이다.

2항과 3항은 역사와 국어교과서를 통해 대한혼을 고취시키기 위한 것이었고, 4항에서는 재정을 고려하여 『신한민보』는 월간잡지로, 『신한국보』는 주간신보로 간행할 것을 계획하였다. 7항에서는 한인들의 형편을 고려하여 먼저 실업기관을 튼튼히 한 뒤 외교기관을 설치하여 영자보 등을 간행할 것을 추진하였다. 8항은 국민회에서 정한 의무금 5원이 재미한인들보다 경제적 형편이 열악한 원동 재류동포의 재정 곤란을 감안한 것이며, 9항은 국민회 헌장이 러시아 제국정체와 미국 공화정체가 서로 동일하지 않다고 하면서 이를 원동에서 실천하는 것이 불가능

한 경우 따로 자치규정을 제정하여 중앙총회의 인준을 얻어 시행하도록 하였다. 이에 따라 1912년 11월 20일 정식으로 대한인국민회 중앙총회 결성 선포식이 결행되었다. 이 선포문은 박용만이 기초한 것으로 내용은 다음과 같다.

중앙총회 결성 선포문

오늘 우리는 나라를 잃었고 우리의 생명과 재산을 보호하여 줄 정부가 없으며 법률도 없으니 동포 제군은 장차 어찌 하려는고. (중략) 우리는 나라가 없으니 아직 국가 자치는 의론할 여지가 없거니와 우리의 단체를 무형한 정부로 인정하고 자치제도를 실시하여 일반 동포가 단체 안에서 자치제도의 실습을 받으면, 장래 국가 건설에 공헌이 될 것이다.

지금 국내외를 막론하고 대한정신으로 대한민족의 복리를 도모하며 국권회복을 지상 목적으로 세우고 그것을 위하여 살며 그것을 위하여 죽으며 그것을 위하여 일하는 단체가 어디 있는가. 오직 해외에 대한인국민회가 있을 뿐이요 그 외에 아무리 보아도 정신과 기초가 확립된 단체를 찾아볼 수 없는 것이 현상이다. (중략)

대한인국민회가 중앙총회를 세우고 해외 한인을 대표하여 일할 계제에 임하였으나, 형질상 대한제국은 이미 망하였지만 정신상 민주주의 국가는 바야흐로 발흥되며 그 희망이 가장 깊은 이때에 일반 동포는 중앙총회에 대하여 일심 후원이 있기를 믿는 바이다.

① 대한인국민회 중앙총회를 해외 한인의 최고기관으로 인정하고 자치
　 제도를 실시할 것.

② 각지에 있는 해외 동포는 대한인국민회의 지도를 받을 의무가 있으며 대한인국민회는 일반 동포에게 의무 이행을 장려할 책임을 가질 것.

③ 금후에는 대한인국민회에 입회금이나 회비가 없을 것이고, 해외동포는 어느 곳에 있던지 그 지방 경제형편에 의하여 지정되는 의무금을 대한인국민회로 보낼 것이다.

1912년 11월 20일

대한인국민회 북미지방총회 대표 이대위 · 박용만 · 김홍균

하와이지방총회 대표 윤병구 · 박상하 · 정원명

서백리아지방총회 대표 김병종 · 유주규 · 홍신언

만주리아지방총회 대표대리 안창호 · 강영소 · 홍   언

대한인국민회 중앙총회는 12월 7일 "우리 국가를 대표하던 태극국기는 이제 세상에 자취가 끊어지게 되었으니 통분함을 이기지 못하여 이제 우리 민족을 대표하는 국민회기國民會旗를 새로 제정하기로 대표회에서 작정"하였음을 공고하면서 새로운 임시정부 수립에 따른 깃발 제정을 천명하였다.

박용만이 작성한 중앙총회 결성선포문은 대한인국민회 중앙총회가 해외 한인의 대표기관임을 밝히면서 대한제국을 대신하여 '민주주의국가'로 발흥할 것을 천명하였다. 이는 근왕주의를 청산하고 공식적으로 공화주의를 표명한 최초의 선언으로, 개항 이래 추진되어왔던 근대국가 수립노력이 이때 와서 맺음하는 것을 의미한다. 그리고 대한인국민

회 중앙총회의 공화주의 선언은 후일 대동단결선언과 3·1운동을 거쳐 임시정부가 수립될 당시, '대한민국'으로 태동하는 틀을 마련하였다는 점에서 그 의미가 있다. 이러한 인식의 이론적 근거와 틀을 마련한 이가 바로 박용만이었다.

3

하와이 : 대조선국민군단과 이승만과의 대결

하와이에서 실현한 자치정부와 대조선국민군단

1912년 중앙총회 제1차 대표원 의회가 끝난 후, 당시 하와이(檀山, 布哇) 대표로 참석했던 박상하는 헌장 수정위원으로 함께 선출된 박용만과 함께 하와이를 향해 출발하였다. 지금까지 박용만의 하와이행은 박상하의 권유에 의한 것으로 알려져 왔다. 그러나 박용만의 하와이행은 이미 1911년부터 추진되고 있었다. 하와이 한인사회에서는 1911년부터 박용만 뿐만 아니라 이승만에게도 하와이로 건너와 줄 것을 요청하고 있었다. 다만, 이승만과 박용만이 하와이에 장기간 머무르는 것이 아니라 길면 4~5개월 정도 있으면서 한인사회를 지도해 주는 정도였다. 그러나 1912년 10월 초까지 초청여부에 대해 하와이 한인사회에서 논의가 계속되자, 박용만은 10월 2일 이승만에게 편지를 보내 하와이 청년회와 감리교회와 상의하여 자신이 하와이로 갈 수 있도록 도움을 청하였다. 이때 이승만은 1913년 3월 중순 연설차 하와이로 가기로 약속이 된 상태였다. 결국 이승만의 도움으로 중앙총회에 참석 직전 박용만의 하와이행이 결정되자, 박용만은 이승만에게 편지를 보내 중앙총회 참석후 박상하와 함께 하와이로 건너갈 것이라는 사실을 알렸다.

1912년 11월 30일 박상하와 함께 몽고리아 호로 샌프란시스코를 떠난 박용만은 12월 6일 호놀룰루에 도착하여 3일 뒤인 9일 하와이 동포로부터 성대한 환영식을 받았다. 이때부터 그는 1913년 하와이지방총회장에 당선된 박상하의 든든한 후원 속에 가장 먼저 하와이 한인 자치제도를 실현하고자 노력하였다. 자치제도란 재미한인사회 스스로 법률을 제정하고 이를 토대로 한인사회를 이끌고자 하는 박용만의 오랜 염원이자 숙원사업이었다. 그리하여 이때까지 국민회에 장정에 따라 준수해 오던 통용규칙을 버리고 1913년 1월 27일 새롭게 자치규정 6장 155조를 기초하여 발표하였다. 이중 제1장 총칙을 살펴보면 다음과 같다.

대한인국민회 하와이지방총회 자치규정

제1장 총칙

하와이 군도에 산재한 대한 인민은 안녕 질서를 유지하며 공익을 도모하여 단체의 실력을 양성하여 조국의 국민된 의무를 이행하기 위하여 전능하신 상제 앞에서 이 규정을 제정함

제1조 본 조직체는 대한인국민회의 한 부분으로서 그 관할 구역을 하와이군도에 정하고, 가와이·마우이·오아후·하와이 4섬의 재류동포로써 성립하여 이를 대한인국민회 하와이지방총회라 칭함

제2조 본회의 목적은 자유사상과 평등주의를 제창하며 교육과 실업을

장려하며 동포의 실력을 배양하며 만세 국가의 독립을 회복함에 있음

제3조 대한국민으로서 본회 관할 구역에 거류하는 동포는 누구나 본회 회원의 자격이 있으며, 본회는 그들로 하여금 의무를 이행하고 권리를 갖게 함

제4조 본회의 기관은 입법부와 행정부의 구별이 있는데, 입법부는 각 지방을 대표한 대의원과 각 구역을 대표한 참의원으로 구성하며, 행정부는 중앙에 지방총회와, 각 지방에 지방회와, 각 구역에 구역회가 있음

제5조 본회의 법안은 대한인국민회 중앙총회 헌장과 지방총회 자치규정 범위 안에서 제정하되, 반드시 위반이 없어야 함

이렇듯 지방자치규정으로 하와이한인사회가 안정되어가자 1913년 5월에는 정칠래·홍인표·박원걸·박승준 등과 함께 하와이지방총회를 법인으로 인정해 달라고 하와이지방정부에 요청하여 관허를 받았다. 이는 하와이지방정부가 하와이지방총회를 자치기관으로 인정하고 특별 경찰권을 허락함으로써 국민회가 하와이 한인사회의 자치정부로서 기능하는 토대를 마련하는 의미 깊은 일이었다. 이에 따라 하와이 긱 섬에 국민회 경찰부장을 설치하였고, 하와이 법정에서도 국민회의 경찰조사와 초심을 법정행사로 인정할 만큼 자치제도가 확립되었다. 이러한 경찰권 행사는 해외 한인을 일제의 지배하에 두려는 일본정부의 간섭을 배제하고 임시정부로서 역할하고자 한 박용만의 이상이 실현되었음을

| 하와이지방총회 기관지 『국민보』를 찍어내던 1916년 식자기

의미하는 것이다.

자치제도 확립에 이어 그가 시행한 것은 국민의무금제도였다. 이전에 의연금 명목으로 충당하던 지방총회 재정을 국민의 자격이란 관점에서 납세의 의무로 전환하여 모든 회원에게 '국민의무금'을 부과하고 이를 납부하게 함으로써 재정 안정을 꾀하였다. 1912년까지 지방총회 운영비 명목으로 회원 개인당 매월 25센트씩 내던 제도가 1913년부터는 국민의무금으로 전환됨에 따라 회원 1인당 1년에 5달러를 의무적으로 납세토록 하였고, 이중 50센트는 중앙총회 자금으로 송금하고 나머지 4달러 50센트로 각종 사업을 운영하였다. 이 국민의무금 제도로 하와이

지방총회는 재정이 넉넉해질 수 있었고, 그 결과 1914년 국민군단 설립, 중앙학원 여자기숙사 건축, 국민회 회관 건축 등 활발한 사업을 펼칠 수 있었다. 이와 동시에 1913년 8월에는 그간 간행된 기관지『신한국보』를 하와이지방총회 조직 개편에 걸맞게『국민보國民報』로 개칭하는 한편, 국민보사 사장으로 선임되어『국민보』운영에 필요한 모든 권한을 위임받아 하와이 한인들을 대상으로 '국민만들기' 작업에 필봉을 휘둘렀다.

이어 박용만은 재차 군사학교 설립을 추진하였다. 이미 그는 1913년 2월 군사학교를 설립하고자 하였으나, 하와이 이민국에서 한인 청년들이 아무런 예비 교육이 없다는 것을 구실로 호놀룰루가 있는 오아후 섬으로 이동하는 것을 거절하는 바람에 목적을 달성하지 못한 바 있었다. 그러나 점차 하와이 한인사회가 하와이지방정부로부터 인정받게 되자, 재차 군사학교 설립을 시도한 것이다. 1913년 12월, 그는 하와이지방총회 연무부鍊武部에서 추진하던 군인양성운동을 기반으로 독립전쟁을 수행할 군단과 사관학교 설립을 추진하였다. 그리하여 이듬해인 1914년 6월 10일 오아후 카훌루Kahuluu에서 대조선국민군단大朝鮮國民軍團과 대조선국민군단사관학교를 창설하고 두 달여 만인 8월 29일 병영 낙성식을 거행하면서 독립군 양성의 기치를 올렸다. 이처럼 대조선국민군단이 창설될 수 있었던 것은 박종수와 안원규의 적극적 지원이 있었기 때문이었다. 박종수는 사탕수수 대신 파인애플 산업이 새로운 농작물로 자리잡아가자, 파인애플 통조림 회사인 리비 앤 맥네일사Libby & McNeil Co.와 계약을 맺고 1,660에이커의 광대한 농장을 5년간 임대하였다. 그 후 안원규安元奎의 소개로 박용만을 만난 박종수는 박용만의 포부를 듣고 그의 아후이마누 농장을 기부하여 300~400명의 군인을 수용할 수 있는 군단 부지를 제공하였으며, 안원규도 이미 농장에 투자한 1,200달러를 국민군단에 희사할 뜻을 밝혔다.

대조선국민군단과 '산넘어 병학교'로 불리웠던 사관학교의 운영은 하와이 각 지방의 군사훈련을 담당하던 하와이지방총회 연무부에서 담당하였으며, 사관학교의 주요인물은 박용만을 비롯하여 박종수·안원규·구종곤·이호·김세근·이정권·노훈·임응천·한태경·한치운·이치영 등이었다. 임응천·한태경·한치운 등은 농사수익 전액을 군단에 기부하여 군단 창설에 필요한 재정마련을 적극 후원하였다. 또한 이들은 군단과 사관학교 창설 후에 주요 기간요원과 교관으로 활동하였다. 이중 구종곤·태병선·김석현 등은 대한제국 광무군인光武軍人 출신이었다. 또한 박용만도 국민군단 설립자금을 마련하기 위하여 한국에서 새우젓과 베적삼 등을 들여와 판매하기도 하였다. 이처럼 국민군단에서 파인애플 경작과 특연금으로 78,642달러 정도의 수익이 발생하였고, 그중 2년간 국민군단 운영비로 58,442달러 정도가 소요되었으며, 남은 20,200달러는 원동사업기금으로 적립되었다고 한다. 그러나 1년 후인 1915년 10월 병학교는 카훌루에서 20여km 떨어진 카후쿠Kahuku 지역으로 옮겼다.

미국군대를 모방한 대조선국민군단과 사관학교의 편제는 표 3과 같다.

| 대조선국민군단 부지를 희사한 박종수의 1915년 당시 모습

<표 3> 대조선국민군단 및 대조선국민군단사관학교 편제

군단	사령부	단 장	부 관	서 기	장 재
		박용만	구종권, 태병선	백운택	최순서
	경리부	부 관	회 계	장 부	군 의
		노훈, 박승선	이정근	정인수	홍종훈
병학교		단 장	대대장	대대 부관	정 교
		박용만	박종수	최장영	정명열
훈련소	대 대	대대장	부 관		
		박종수	이두환, 허용		
	중 대	중대장	부 관	부 위	
		김세근	이정근	김치명, 조봉운, 한명수	
	소 대	소대장	참 위	정 교	하 사
		박춘식 강태순 한응순	안경식 이상호 김례준 김성옥 김용팔 한경선 임성우 전종문	방재순 임순용 김순근	김상호 윤희주 이태홍 서순백 백윤서
제복소		소대장 : 김성옥, 김승윤			
별동대		노백린, 김성옥, 허 용, 이복희, 이상호			
곡호수		이재호, 강달재, 강운학, 김용환, 백운경, 차성절			
고 수		이창규, 이봉용, 김백화, 최태제, 김중환			

한편, 박용만은 하와이군사령부로부터 대조선국민군단 설립을 인가받아 실질적인 군사활동을 전개할 수 있었다. 다만 하와이군사령부가 실제 군총 사용을 불허함에 따라 훈련시에는 목총으로 대체하였다. 대

| 1916년 대조선국민군단의 군사훈련 모습

조선국민군단의 운영은 박용만이 한인소년병학교 시절부터 지켜왔던
둔전병제를 원칙으로 하였다. 따라서 대조선국민군단 단원들은 군단에
기숙하면서 농장에 나가 노동을 하는 한편, 틈틈히 군사훈련과 학습을
하였다. 따라서 군단 학도들은 야외에서는 군사훈련을 받고, 교실에서
는 군사학을 공부하였다. 100여 명으로 시작하여 많을 때는 300여 명
에 이르렀던 대조선국민군단 사령부는 모든 한인 독립군을 '국민군단'
으로 편성하려는 목적하에 조직된 것이었으며, 대조선국민군단 사관학
교는 그들이 편성하는 군단의 핵심이 될 사관양성기관으로 설치되어 군
사훈련을 실시하였다.

이 사관학교의 교과내용은 박용만이 헤이스팅스 한인소년병학교의 교과과정을 발전시킨 것이었으며, 교재는 28종에 달하였다. 특히 1911년 박용만이 역술·간행한 『군인수지』는 사관학교의 주요 교재로 사용되었다. 이외에도 군사훈련 도구로는 사관의 45식 단총 39정, 군도軍刀 10개, 나팔 12개, 북 6개, 목총 350정 등이 있었다 한다. 한편, 1916년 12월에는 북간도에서 군사양성을 시도했던 노백린盧伯麟과 조용하趙鏞夏, 그리고 조명구趙明九가 하와이로 건너와 합류하였다. 노백린은 대한제국 정령(현 대령) 출신이고, 조용하는 조소앙의 형으로 대한제국 독일주재 공사관 외교관 출신이었다.

그러나 제1차 세계대전이 일어나자, 일본과 제정러시아는 연합국에 가담하여 미국과 친밀한 유대관계를 맺었고, 연합국 일원인 일본은 미국에 대조선국민군단의 활동 중단을 요청하였다. 이즈음 하와이 한인사회는 외교론에 중점을 둔 이승만 계열과 무장투쟁론을 지향하였던 박용만 계열이 독립운동의 이념과 전술을 둘러싸고 대립하였다. 이에 일제는 하와이 한인사회의 내분을 이용하여 박용만을 제거하려 하였다. 그리하여 1915년 여름 일제는 박용만의 활동에 대해 미국 국무장관에게 강력히 항의하였다. 일제의 항의를 받은 미국 국무장관은 다시 내무부에 엄중 조사를 요구했고, 내무부는 하와이지방정부에 공문을 보내 박용만과 그의 추종자들의 무기 소유 여부와 일본 내정에 간여·선동 여부를 조사하라고 지시하였다. 이에 따라 하와이지방정부가 대한인국민회 하와이지방총회에 승인하였던 특별경찰권을 취소함으로써 하와이 한인사회의 자치권은 박탈당하였다. 또한 대조선국민군단은 병농일치의 둔

전제를 바탕으로 한 까닭에 재정적으로 큰 곤란을 겪고 있었다. 즉 파인 애플농장의 불경기와 흉작 등으로 수입이 크게 감소되어 국민군단에서 사용하던 농장 계약이 만기되었음에도 연장할 수 없었다. 이와 더불어 1916년 농장주마저 압력을 행사하여 계약을 취소당하자, 대조선국민군 단은 마침내 1917년경 문을 닫게 되었다.

이승만과의 재회

앞서 언급한 바와 같이 박용만은 하와이 도착후 곧바로 이승만을 초빙하였다.

이승만은 1910년 10월 귀국한 후 약 1년 반 정도 국내 YMCA에서 교육과 전도활동을 하다가, 1912년 3월 미니애폴리스에서 개최된 세계 감리교선교대회에 참석하기 위해 미국으로 건너왔다. 그런데 대회 참석 직후 이승만은 귀국하지 않고 미국 동부지역에 머물면서 외교와 출판사 업을 하겠다고 박용만에게 원조를 청하였고, 이러한 이승만의 제의를 박용만은 흔쾌히 받아들였다. 박용만이 이승만의 제의를 받아들인 것은 단순히 의형으로서의 예우 뿐 아니라 하와이로 건너와 일할 수 있도록 힘써준 사람이 바로 이승만이었기 때문이었다. 박용만은 하와이지방총 회에 이승만의 초빙건을 제출하여 동의를 얻었다.

1913년 1월 시에라 호로 샌프란시스코를 출발한 이승만이 2월 3일 호놀룰루에 도착하자, 박용만은 1913년 2월 27일자 『신한국보』에 이승 만을 크게 소개할 정도로 의형에 대한 예우를 갖추었다. 그런데 이승만 이 도착할 당시, 하와이 한인사회는 한인감리교회 감독인 존 와드만ohn

Wadman 목사와 불화가 있었다. 와드만은 재미한인의 하와이 이민 초기부터 감리사로 하와이 한인감리교회를 감독한 인물이었는데, 1911년 4월 신흥균 등 70여 명이 와드만을 친일성향의 목사로 인식하고 이에 반발하여 한인감리교회를 탈퇴하여 한인자유교회를 설립하였다. 그러던 중, 1912년 10월 일본신문에 일본영사관이 와드만에게 한인구제금 750달러를 주었다는 기사가 보도되자, 하와이 한인들은 즉각 와드만에게 항의하였다. 그러나 와드만은 한인기숙학교 보조금이라고 변명하던 끝에 감리교단의 일을 한인이 간섭할 수 없다고 강경하게 맞섰다. 이에 한인 기숙학교 학생들이 동맹퇴학하고 공립학교 한인학생들도 동맹휴학으로 맞서는 상황이었다.

이런 분위기 속에 이승만이 하와이에 도착하자, 와드만은 이승만에게 중재를 요청하는 한편, 그에게 한인기숙학교 운영을 위임하였다. 이를 기회로 이승만은 1913년 9월 한인기숙학교를 한인중앙학원으로 개명하고 학제를 개편하면서 학교 재정을 포함한 모든 운영권을 장악하였다. 또한 하와이 한인감리교회 고문을 맡아 교회를 자신의 영향력 아래 두었고, 같은 달 20일에는 월간 『태평양잡지太平洋雜誌』를 창간하면서 언론·교육·선교사업을 통해 하와이 한인사회의 지도자로 서서히 부각하고 있었다. 그럼에도 이승만이 『태평양잡지』를 발간할 당시, 박용만은 그에게 선뜻 2천 달러를 내주면서 그의 성공을 진심으로 빌었다. 이 지원금은 박용만이 하와이에 한인중학교 설립을 위해 모금한 것이었으나, 건축비용에 비해 턱없이 모자라게 되자 중학 설립계획을 포기하고 대신 이승만의 잡지 창간자금으로 지원한 것이었다.

| 1913년 2월 3일 호놀룰루에 도착한 이승만을 마중나온 박용만

이승만의 하와이 한인사회 장악

이처럼 1년간 자치제도와 경찰권 행사, 국민의무금 실시에 따라 하와이 한인사회가 안정되어가자, 박용만은 1914년부터 본격적으로 사업에 착수하였다. 그 첫 번째가 대조선국민군단 병영 조성이요, 두 번째가 국민회 하와이지방총회관 건축이었다. 이러한 국민회 활동과는 별개로 이승만도 같은 해 7월 독자적으로 한인여자기숙사를 설립하고 기숙사 설립을 위해 동포들로부터 교육특별의연금을 모집하고 있었다. 이승만이 독자적으로 여자기숙사를 설립한 것은 1914년 6월 와드만 후임으로 부임한 프라이 감독과의 마찰 때문이었다. 프라이는 부임 직후 학교와 교회 내에서 막강한 권한을 발휘하는 이승만의 권한을 축소하려 하였다. 이에 반발한 이승만은 한인중앙학원을 감리교단과 분리시켜 독자적인 교육기관 설립으로 맞섰다.

그러나 이승만이 기숙사 신축을 위해 특별의연금을 모집할 당시 국민회 역시 국민군단 병영 조성 지원과 함께 국민회 총회관 건축을 위해 특별의연금을 모금하고 있었다. 이로 인해 자금 조달에 어려움을 겪게 된 이승만은 독자적으로 기숙사 신축을 하기 어렵다는 판단하에 국민회에 원조를 요청하였다. 이승만이 요청한 것은 국민회가 이전에 교육사업을 위해 마련해 놓은 엠마기지를 자신의 설립하고자 하는 여자기숙사 용도로 제공하라는 것이었다. 그런데 문제는 부지 제공 뿐 아니라 이승만 자신의 명의로 제공해 달라고 한 데 있었다. 때문에 국민회에서는 통상회를 개최한 끝에 엠마기지를 한인여자기숙사에 기부하기로 의결하였다. 다만, 이승만 개인 명의가 아닌 한인여자기숙사 명의로 제공한다는 조건이었다. 그러나 이승만은 본인 명의로 엠마기지를 양도할 것을 주장하였고, 그에 따라 국민회와 이승만 간의 관계는 대립구도로 바뀌고 있었다. 이러한 상황에서도 이승만은 1914년 10월 24일 한인여자기숙사 낙성식을 성대히 거행하였다.

이승만과 국민회 간의 갈등이 본격화되는 것은 1915년도 하와이지방총회 총선거를 둘러싸고 일어났다. 하와이지방총회는 1915년도 지방총회 총회장과 부회장 선거일을 12월 7일로 공포하고 이를 위해 후보자 추천을 받았다. 그 결과 11월 말경, 대의원들은 총회장 후보자에 김종학·정병섭, 부회장 후보자에 안현경·박원걸을 천거하였으나, 총회 임원회에서 안현경의 국민의무금 미납이 자치규정을 위반한 것으로 판단하여 후보자를 다시 천거하였다. 안현경은 이승만 계열의 주요인물이었다. 이에 대해 이승만 계열의 함삼여咸三汝를 비롯한 대의원들이 집행부의 행위는 자치규정 위반이자 행정부가 입법부의 권한을 침해한 것이므로 투표를 할 수 없다고 항의함에 따라 총선거는 무산되었다. 총선거가 무산되자, 12월 9일 총회장 김종학을 비롯한 총회 임원진은 총사직하였다. 그러나 곧 이어진 총선거에서 김종학이 992표 대 105표의 압도적 표차로 총회장에 재선되었고, 김종학은 총무 박원걸, 서기 겸 재무 한재명, 학무원 김학수, 법무원 황성모, 구제원 하일청, 군무원 박종수, 농상원 차병수를 선임하여 대의회 승인을 얻어 발표하였다. 김종학이 발표한 1915년도 임원진은 박용만 계열의 인물들이 주를 이루었으며, 그 결과 이승만이 원하던 선거를 통한 정권 교체는 이루어지지 않았다.

이때부터 박용만 지지세력이 주를 이루고 있는 국민회에 대한 이승만의 반격이 시작되었다. 1915년 1월 15일 국민회 총회 대의회 회의 결과를 두고 이승만은 국민회 개혁을 명분으로 자신이 경영하는『태평양잡지』에 성명서를 발표하였는데, 이것이 하와이 한인사회 분열의 시초가 되었다. 당시 대의회에 제출된 의안은 교육비 지원과『국민보』보조문제, 그리고 박용만의 국민군단 지원 및 규정 개정문제 등이었다. 이러한 안건이 상정된 배경은 당시 국민회가 연무부 사업의 일환으로 추진된 국민군단 병영은 물론, 국민보사에 대해 매월 200달러 지원과 독자적 운영까지 허락하는 등 박용만이 전개한 사업에 대해서는 물심양면 지원하면서도 이승만이 추진하는 사업에는 별 다른 지원도 하지 않는데다가 국민회관 건축비모금으로 인해 오히려 이승만이 건립하고자 한 여자기숙사 건축비 모집에도 차질을 빚었다는 판단이 작용하기 있었기 때문이었다.

이승만은 "이곳(하와이 – 필자)에 일이 잘못되는 것을 보고 말하지 않으면 그 책임이 나에게 있다고 할 것"이라는 말로 서두를 꺼내며 다음과 같이 말했다.

" ...... 이곳에 있기를 다시 작정한 때에 국민회 당국과 의논하기를 출판사업은 국민회가 간섭하지 말고 나의 사업으로 할 것과 모든 연조금은 내가 직접으로 받기를 언약하고 교육 특연을 청연하는 때에, 국민회 당국이 회관 건축 의사를 제출하여 건축 특연을 거두며 교육 특연을 방해하였으니, 이것이 교육사업을 위하는 것이 아니다.

대저 국민회관 건축이 우리에게 학식을 주겠는가 재정을 주겠는가.

…… 이제 잡지 사업과 학생기숙사 일이 잘못되거든 그 책임이 누구에게 있는 것을 알아야 할 것이다.

사실을 말하면 국민회에 돈을 주어서 시루에 물 붓듯이 없애는 것보다 이승만에게 주어서 사업하는 것이 한인 전체의 유익이 될 것이다.

국민회 당국이 지나간 양년에 수입된 의무금을 무엇에 썼는가. ……그것을 이승만에게 주었으면 학생기숙사 건축이 완성되었을 것이며, 국민회는 잘 될 수 있고 잘못될 수 있으나, 학생기숙사는 한번 세우면 영원히 우리의 자녀들을 양성하는 것이다.

국민회 당국이 대의회 입안을 준행하지 않고 몇 사람의 마음대로 하는데, 지나간 2년 동안의 재정출납을 보면 쓰라는 것은 쓰지 않았고, 쓰지 말라는 것을 쓴 것이 많았고, 문부文簿가 분명치 못하여 대의회에 문제가 일어나면 묵허니 용서이니 하는 언사로 흐지부지 타협하니, 일을 이렇게 할진대 각 지방에서 대의원을 파송할 필요가 없는 것이다."

이처럼 이승만은 국민회를 강하게 비판하면서 국민회 개혁을 위한 네 가지 제안을 하였다.

①국민회 회원 다수의 공의를 따르는 것이 당연한 일인즉 무슨 관계로든지 우리의 일을 반대하는 개인은 국민회를 반대하는 것으로 인정할 것.

②금년에 일이 중대하여 나의 주견을 버리고 동포들이 세워주는 공동 규모를 준행하고자 하는데, 호항(호놀룰루-필자)에 대의회를 열게 할

필요가 없으니 방법을 달리하되 이곳저곳의 지방마다 모여서 문제를 공결하여 나에게 보내면 그것을 받아 가지고 다수 의사를 따라 일을 결정할 것.

③ 지나간 2년 동안에 국민회가 의무금을 받아서 교육사업에 쓰지 않고 소모하였으니 금년에는 무슨 재정이나 전부를 교육사업 책임자에게 보내어 교육사업을 성취할 것.

④ 나의 의견을 실행하면 국민회 사무와 『국민보』 발행을 계속할 수 없겠다는 말이 있으나, 이는 나의 뜻을 알지 못하는 말이라. 금년의 의무금과 모든 공금을 교육사업에 쓰라고 나에게 보내더라도 국민회의 필요한 경비와 임원들의 월급을 모른다고 하지 않을 것이며, 이것이 국민회의 기초를 공고하게 하는 것이니 염려할 것이 아니라.

위 성명서에서 이승만은 자신이 하는 일을 반대하는 것은 곧 국민회를 반대하는 것으로 못 박으면서, 자신이 하와이 한인사회의 모든 문제를 직접 처결할 것임과 동시에 국민회 재정을 직접 관장하여 국민회 임원 월급 등을 직접 지급한다는 것이었다. 즉, 이승만은 국민회 개혁을 명분으로 성명서를 발표하였지만, 속내는 자신이 국민회 위에 군림하여 하와이 한인사회를 자신의 수중에 넣고자 하는 것임과 동시에 박용만과 그 지지세력을 거세하고자 하는 의도였다.

성명서 발표 이후 이승만은 하와이 각 섬을 순방하면서 임시총회 개최의 필요성을 역설하고 의무금은 직접 자신에게 보내도록 요구하는 한편, 지방인사들을 자신의 세력으로 포섭하였다. 그 결과 이승만은 감리교회 목사와 전도사는 물론 사탕농장 한인감독과 부녀자들까지 자신의 지지기반으로 만드는 데 성공하였다. 이러한 이승만의 행동으로 말미암아 각처에서는 국민회 개혁을 위한 혁명대가 조직되어 각 대표들을 호놀룰루에 파견하였다. 그리하여 오아후 섬의 4개 지방회 대의원 이정건 · 양흥엽 · 김성봉 · 이관식 등이 4월 11일자로 헌장 제21조에 의거하여 국민회에 특별대의회 소집을 청원하였다. 1915년 5월 임시대의회가 개최되었으나, 76개 지방회 중에서 31개 대표만 참석하여 정족수가 미달되었다. 그러나 다수의 주장으로 불법 강행된 이 회의에서 지난 번 총선거와 모든 법안을 일체 무효화하기로 의결하여 통과시켰다. 이어 총회 장부와 서류 일체를 압수하여 조사하는 과정에서 총회장 김종학이 국민회관 건축비 중 556달러 35센트를 범용犯用한 사실이 밝혀졌다. 이에 따라 총회장 처리문제를 놓고 임시대의회에서는 논란 끝에 김종학을 국민회 법률에 의거하여 자체 처리하기로 결정하였다. 그러나 이 결정에 대해 이승만이 강하게 반발하자, 결국 김종학을 미국 하와이법정에 고소하는 등 강하게 밀어붙였다. 김종학은 하와이법정에서 3개월간 조사를 받고 증거불충분으로 풀려한 후, 이승만을 원망하는 글을 남기고 자살을 기도하였으나 미수에 그쳤다.

이후 이승만 지지세력이 새로운 임원진을 형성하면서 국민회는 이승만 지지세력에 의해 완전 장악되었고, 이승만은 하와이 한인사회의 새로운 통치자로 군림하기 시작하였다. 이 기세를 몰아 이승만 지지파들은 박용만 지지파들을 대상으로 구타와 테러행위를 자행하였다. 그 대표적인 예가 가와이 대의원 이홍기 구타사건이었으며, 『국민보』주필

이주영·한재명은 테러를 피해 도망갈 정도였다. 이즈음 박용만이 하와이를 떠나 샌프란시스코로 가자, 영자신문에서는 박용만이 자신을 죽이려 한다는 소문을 듣고는 미국으로 피신하였다고 보도할 정도였다.

그렇다면 이러한 상황 속에서 박용만은 왜 미국으로 건너간 걸까?

박용만은 1915년 2월 치러진 대한인국민회 중앙총회 선거에서 안창호와 함께 각각 총회장과 부회장으로 선출된 바 있었다. 이 투표에서 박용만은 하와이 대표 37인 중 30표를 얻어 하와이대의원의 80%에 해당하는 압도적 지지를 받으면서 당선되었다. 다만, 제1차 세계대전 등 국제정세의 여파로 시베리아지방총회의 투표 결과가 도착하지 않자, 당선발표를 4월까지 미루었다가 4월 22일에야 신문지상에 공포한 것이다. 따라서 박용만은 중앙총회 부회장 취임식 참석차 6월 3일 하와이를 떠나 6월 11일 샌프란시스코에 도착하였다.

이렇듯 하와이 한인사회를 장악한 이승만은 1915년 7월, 샌프란시스코에 있는 박용만에게 편지를 보내 이번 일을 계기로 김종학 등 국민회 전 임원들과의 관계를 완전히 단절하라고 경고하였다.

"나는 옥중에서 고락을 함께 했던 옛 친구보다 더 좋은 친구가 없다는 것을 확신합니다. 당신이 아직도 저들과 손잡기를 원한다면 언젠가는 후회하게 될 것입니다. 나는 끝까지 싸워서 저들이 자기 이익을 위해 국민회를 망치고 있음을 밝히고야 말겠습니다. 둘 중의 하나를 택하시되 어느 쪽이든 가장 현명하다고 생각되는 쪽을 따르십시오."

그런데 취임식 후 샌프란시스코에 머물던 박용만에게 예기치 않은 일이 벌어졌다. 7월 12일 스탁톤에서 이발업을 하던 오진국吳鎭國이 박용만을 구타한 후『국민보』를 하와이지방총회로 환본할 것과 중앙총회 부회장직을 사임한다는 내용의 글을 쓰도록 강요하여 서명을 받아내는 사건이 발생하였다. 이 일로 박용만은 신병을 치료를 한 뒤 8월 11일 매소니아 호를 타고 샌프란시스코를 출발하여 중순경 하와이로 귀환하였다. 그러나 국민회관 건축기금 범용문제로 비롯된 하와이 국민회의 정권 교체에 따라 박용만은 자신이 직접 운영하던 국민보사의 모든 소유재산과 농상주식회사 주식 전부를 하와이국민회에 반환하여 국민회와의 관계를 정리할 수밖에 없었다.

하와이 사태가 이렇게 악화되자, 하와이 대의원 이홍기 · 김규섭 · 김윤섭 · 이정건 등 4명은 국민회 중앙총회에 공소장을 발송하여 문제 해결을 정식 요구하였다. 중앙총회장에 당선된 안창호는 박용만이 떠난 지 2주 후인 8월 25일 샌프란시스코를 출발하였는데, 출발하기 전 미리 이승만에게 전보를 보내 하와이에서 만나 평화적으로 분쟁을 해결할 것을 제의하였다. 안창호의 전보를 받은 이승만은 "나는 철학박사이지만 지금 말박사가 오는 터이니 부디 조심하시오"라고 하면서 안창호 도착 3일 전 다른 곳으로 몸을 피하였다. 8월 31일 하와이 호놀룰루에 도착한 안창호는 이승만이 설립한 여자기숙사부터 방문하는 등 그 해 12월까지 하와이에 머물면서 하와이 한인사회를 안정시키는 데 노력하였으나 정작 4개월간 이승만은 만나보지도 못하고 돌아왔다.

한편, 1915년 말『신한민보』에는 박용만이 이승만과 함께『국민보』

공동 논설자라는 명목으로 자리를 유지한다고 보도되었고, 1916년 6월 이승만 계열의 국민회 임원회에서는 박용만을 『국민보』 주필로 재임용한다고 한 것으로 보아, 표면상 1917년까지 박용만의 자제와 이승만의 유화 제스처로 절연絶緣까지 이르지는 않았다. 그러나 이 사건 이후 하와이 한인 5천여 명 중 2,300여 명에 달하였던 국민회 회원은 750여 명으로 급감하였고, 재정수입 역시 1/3로 감소하는 등 국민회의 위상은 급격히 약화되었다.

독립군기지 모색과 대동단결선언

1909년 둔전병제에 입각한 독립군 양성을 목적으로 네브래스카 주에 한인소년병학교를 설립한 박용만. 그는 이미 1908년부터 사실상 대한제국의 멸망을 예견하고 그에 대한 준비로서 애국동지대표회를 개최하였고, 이어 독립전쟁을 통한 국권회복을 위해 한인군사학교를 설립하였다. 이어 1911년에는 『신한민보』 주필로서 임시정부 수립론인 무형국가론을 주창하는 한편, 대한인국민회 중앙총회를 설립하여 해외한인의 최고기관이자 임시정부로 조직하기 위해 진력하였다. 그러나 미국이라는 지역의 원거리성은 독립전쟁을 수행하기에는 큰 걸림돌이 되었다. 따라서 그는 1910년대 초반부터 지속적으로 간도지역에 관심을 갖고 있었다. 더구나 이 시기는 대한인국민회가 봉밀산蜂密山 지역에, 이회영 일가가 펑티엔 유하현에, 이상설 등이 한흥동에 둔전병제에 바탕한 독립군기지를 건설하고 있었으며, 만주·시베리아·수청에 일대 세 곳에 대한인국민회 지방총회가 조직되어 독립전쟁을 통한 국권 회복 준비가 활발히 이루어지고 있었다.

따라서 박용만은 하와이로 건너온 이후 『국민보』 주필과 대조선국민 군단 단장으로 활동하는 한편, 해외 독립운동 인사들과 서신으로 교류 하면서 국권회복 방략을 논의하였다. 그 중 가장 대표적인 인사는 김복 (본명 김규흥)·이회영·손정도·양기탁·신규식 등이었다. 가장 먼저 박 용만이 서신 교류를 한 이는 김복으로 추정된다. 그가 『신한민보』 주필 로 근무하던 시절인 1911년 3월, 김복은 중국 광둥廣東에서 국민회 앞으 로 서신 한 통을 보내 "개간공사開墾公司를 설립하고 자금을 모집하여 만 주에 떠도는 한국동포를 만주 또는 몽골 등 넓은 땅에 각각 안전하게 정 착하도록 하였는데 명목은 황무지를 개간하는 것으로 하였으나 이는 왜 적의 의심을 피하자는 것이요 실제로는 둔전병제도를 시행해서 기회가 오는 때를 기다리는 것"이라고 하면서 재미한인사회에 중국에 둔전병 제에 입각한 기지 건설을 요청하였다. 이 서신 도착 후 둘 사이에 무슨 논의가 있었는지는 분명치 않지만, 김복의 제안은 기본적으로 박용만의 인식과 궤를 같이하는 것이었고, 후일 박용만이 중국에서 흥화실업은행 興華實業銀行을 설립할 때, 김복과 함께 한 것으로 보아 이때의 서신이 계기 가 된 것 같다.

그 후 박용만은 1912년 10월, 손정도에게 서신을 보내 '만주식민책 滿洲植民策'에 관해 논의하는 한편, 만주 일대에 지질地質·지가地價 및 적당 한 장소를 물색하여 알려달라고 요청하였다. 이외에도 동삼성東三省의 이 동녕·정영택 등 여러 독립운동가와도 서신 교류를 요청하는 한편, 베이징·상하이·도쿄 등지에도 같은 취지의 글을 보내고자 하였다. 그리고 말미에는 1915년 이후 귀국할 의사를 비치고 있었다. 즉 1912년경 박용만은 만주에 둔전병제에 입각한 독립군기지 건설을 모색·추진하는 한편, 애국동지대표회처럼 해외 각지의 독립운동지사들을 규합하고자 하였다.

1914년 하와이 한인사회를 둔전병제에 입각한 자치정부로 '개조'한 박용만은 1915년부터 그의 계획을 구체화하였다. 1914년 9월 숭실학교 출신 장일환이 하와이로 오자, 박용만은 그를 만나 항일투쟁 방안을 협의하였고, 장일환은 1915년 4월 귀국하여 국내지부격인 비밀결사 조선국민회를 1917년 3월 조직하였다. 목적은 전국에 조직을 만들어 군자금을 모집하여 간도에 토지를 구입하여 동지들을 이주시키는 것이었다. 이후 박용만은 하와이 풍파가 본격화되는 시점인 1915년 4~5월경부터 국내외 독립운동 주요 인사들을 중심으로 '대동단결선언'과 국민국가 건설을 위한 여론수렴을 시작한 것으로 보인다. 이 시기, 박용만은 『국민보』를 통해 이회영과 교류하는 한편, 1912년 7월 중국 상하이에서 결성된 동제사同濟社 인사들과도 서로 연락을 취하였던 것으로 보인다.

1916년 2월에는 중국 안둥현安東縣의 지우知友에게 서신을 보내 서북간도 인민을 개도開導하기 위해 그 해 봄 3개 위원을 파견할 계획이고 연락기관은 안둥현 지우로 할 터이니 잘 주선해 줄 것을 당부하면서 각 방면 기관, 즉 국내와 상하이, 서북간도의 기관이 일제에게 발각되지 않도록 잘 처리해 달라고 부탁하였다. 이는 1916년경 이미 박용만이 추진한

'기관'이 국내·상하이·서북간도에 조직되었음을 뜻하는 것이었고, 지우에게 상하이에서 상회相會하자고 한 것으로 보아 조만간 상하이로 건너가 일을 추진하고자 하는 의도를 비쳤다.

그런데 1916년 10월 펑티엔성 유하현에 거주하던 양기탁이 안창호에게 서신을 보내면서 부민단扶民團과 백서농장의 상황을 언급하고 미국에서는 독립전쟁을 전개할 수 없으니 유하현으로 이주하거나 농토를 매입하여 농장을 설립할 것을 권유하였다. 그리고 이어 이일李逸은 말없이도 뜻이 통하니 믿고 쓰라고 부탁하면서 말미에 다음과 같은 얘기를 거론하고 있다. 즉 박용만과는 이전부터 통신 왕래가 있었으나 최근 연락이 안되니 박용만에게 연락하여 "미국으로부터 하와이로, 상해·서북간도·러시아 등지에 이르기까지 윤회통신함이 시급 긴요하오니 그 곳으로부터 우선 윤회통신을 발송하여 점차 하와이 및 상해의 신규식 처소" 해 달라고 요청하고 있다.

한편, 1917년 일제보고서에는 박용만이 이승만과의 대립에서 세를 잃고 신변의 위협을 느껴 단신으로 하와이를 탈출하여 상하이에 거주하면서 양기탁·박은식·신규식 등과 대동보국단大東保國團이라는 비밀결사를 조직했다고 하고 있고, 박은식·김복 등이 주도하여 발행한 잡지『진단震壇』에 실린「최신빌표지대동단결신언最先發表之大同團結宣言」에는 "시금(1920년-필자)으로부터 3년 전인 1917년 7월 14일, 상하이의 동제사가 주관이 되어 발표한 대동단결선언은 2년 3개월에 걸쳐 국내외 요인과 해외 지사 등에게 동참을 권유했다"라는 내용이 있다.

이상의 내용을 종합하면, 박용만은 1915년 4~5월경 양기탁·박은식·신규식 등과 대동보국단을 조직한 후 대동단결선언을 위한 작업을 시작하였고, 1916년 10월경에는 이를 마무리하기 위해 양기탁으로부터 미국과 하와이에서 윤회통신을 시작하여 상하이 신규식에게서 끝을 맺자는 요청을 받은 것 같다. 다만, 이 시기 양기탁과 박용만 사이에 통신이 제대로 이루지지지 않자 안창호를 통해 의사를 전달하였다. 윤회통신은 박용만이 국내에서 옥중생활을 할 당시, 고안한 기밀통신방안이었다.

한편, 양기탁의 윤회통신 요청에 앞선 1916년 5월에는 국민회에서도 하와이에 중앙총회를 건설하고 상하이를 활동 근거지로 삼은 후 중국과 교섭을 통해 독립전쟁을 준비할 것을 거론하고 있었던 점 등을 고려하면, 이 시기 하와이의 박용만과 상하이의 동제사 사이에 대동단결선언을 위한 무언의 움직임이 있었다고 보인다.

여하튼 2년 3개월에 걸친 논의 끝에 1917년 7월 14일 상하이에서 「대동단결선언」이 발표되었다. 대동단결선언의 발기인은 신규식·조소앙·박용만 등 14인으로 되어 있다. 조소앙은 「3·1운동과 나」라는 글 속에서 "3·1운동 전 1917년 7월에 나는 동지들과 더불어 독립 획득에는 무엇보다도 대동단결이 필요하다는 취지하에 국내외 대표회의를 소집하여 무상법인無上法人이라는 기구, 말하자면 정부를 조직하자는 선언서를 인쇄해 가지고 국내외에 초청하였다"라고 하였다. 이는 박용만이 1908년 애국동지대표자대회나 무형국가론에서 역설한 내용과 흡사하다. 다만, 무형국가가 무상법인으로 바뀌었다는 느낌이 들 정도이다. 그리고 선언의 요지 또한 주권불멸설에 의한 국민주권설, 국가적 행동의

가능성, 그리고 국가적 행동을 성취하기 위하여 통일기관·통일국가·원만한 국가의 3단계를 제시하면서 마지막에 「제의提議의 강령綱領」 7개 항을 거론하고 있는데, 선언의 요지나 제의강령 등은 평소 박용만이 주창했던 임시정부수립론의 지론과 유사한 느낌을 준다. 「제의의 강령」은 아래와 같다.

1. 해외 각지에 현존한 단체의 대소은현大小隱顯을 막론하고 규합 통일하여 유일무이의 최고기관을 조직할 것
2. 중앙총본부를 상당한 지점에 치置하야 일체 한족韓族을 통치하며 각지 지부로 관할 구역을 명정明定할 것
3. 대헌大憲을 제정하여 민정民情에 합合한 법치를 실행할 것
4. 독립평등의 성권聖權을 주장하여 동화同化의 마력과 자치의 열근劣根을 방제할 것
5. 국정을 세계에 공개하여 국민외교를 실행할 것
6. 영구히 통일적 유기체의 존립을 공고키 위하여 동지자간의 애정을 수양할 것
7. 우右 실행방법은 기성한 각 단체의 대표와 덕망이 유有한 개인의 회의로 결정할 것

그런데 「최선발표지대동단결선언」 말미에 '선언인宣言人'으로 표현된 14명의 이름이 적혀 있는데, 이 명단이 선언서 원문에 기재된 이름과 차이가 있다.

A 신규식·조용은·신석우·홍명희·박용만·김규식·한흥·신채호·박은
식·조성환·윤세복·박찬익·이용혁·신대모

B 신정·조용은·신헌민·박용만·한진·홍위·박은식·신채호·윤세복·
조욱·박기준·신빈·김성·이일

A는 「최선발표지대동단결선언」이고 B는 원문인데, 달리 적힌 인사
만 보면, 신규식(신정)·조성환(조욱)·김규식(김성)·한흥(한진)·박찬익(박
기준)·이일(이용혁)·신석우(신헌민)·홍명희(홍위)·신대모(신빈)이다.

이처럼 박용만은 하와이로 건너온 이후 해외 한인의 대동단결을 위
한 조직과 선언을 은밀히 추진하였고, 그 결실은 2년여를 지나 1917년
대동단결선언으로 마무리되었다.

이승만의 재정흠축사건과 하와이한인사회의 분열 | 1915년 6월
이후 하와이

한인사회를 장악한 이승만은 개혁을 명분으로 국민회 임원까지 교체하
면서 국민회를 사조직화하고 통치자로 군림하기 시작하였다. 이때의 정
황을 일제조차도 다음과 같이 인식할 정도였다.

1916년 국민회 (하와이지방)총회에서 홍한식을 회장으로, 정인수를 동(同)
부회장으로 추거하자 동회의 실권은 완전히 이승만 개인의 손 안에 들어
갔다. 이(李)는 먼저 4천여 불을 던져 건설한 남녀학생 기숙사의 부지와 건

물 일체를 자기 명의로 바꾸어 놓았지만 누가 감히 이의를 제출하는 자 없고 이래 하와이 조선인의 문제는 이季의 뜻대로 좌우할 수 있게 되었다. 이 시기가 이승만의 득의전성시대得意全盛時代라 말할 수 있다.

특히 이승만은 1917년에 들어서면서부터는 국민회 재정까지 수중에 넣고 자의로 처리하려고 하는 등 모든 재정을 사유화하려 하였다. 이에 보조를 맞춰 각 지방의 이승만 지지세력은 국민회를 무력화하기 위해 의무금을 국민회로 부치지 않고 이승만에게 맡길 것, 교육기관을 이승만에게 위탁하여 국민회가 일체 간섭하지 못하도록 할 것, 재정고문으로 이승만을 선정할 것 등을 의결하여 이승만의 뜻에 적극 '협찬'하였다. 이로써 하와이 한인사회는 해외 한인의 최고기관이자 자치정부로 자리 잡아 가던 국민회가 무력화되는 대신, 이승만 개인 왕국으로 전락하였다. 이에 국민회 북미지방총회에서는 「누가 국민회를 없애코저 하느뇨」라는 논설을 6회 연속 게재하면서 이승만의 전횡을 강하게 비판하였으나, 모두가 헛일이 되고 말았다.

한편, 박용만은 1917년 10월 29일부터 31일까지 뉴욕 맥알핀호텔에서 개최된 소약속국동맹회(The League of Small and Subject Nationalities)에 한국대표로 참석하였다. 그런데 박용만의 한국대표 참석은 사실상 이승만과 하와이지방총회장 안현경이 비밀리 자금을 모금하여 파견한 것으로 볼 때, 이때까지도 박용만과 이승만 사이가 완전 단절된 것은 아니었다.

그러던 차, 1918년 이승만의 '재정흠축사건'이 발생하였다. 사건의

| 소약속국동맹회 개최장소인 구 맥알핀호텔

발단은 1918년 1월 15일 국민회 제10차 대의회에서 조사원이 재정장부를 조사하는 과정에서 나타났다. 조사원은 장부에 착오가 많고 은행 적립금에 대한 증빙서류가 없자, 당시 재무 담당 이승만에게 이에 대한 해명을 요구하였다. 그러나 이승만이 총회장 안현경을 시켜 얼버무리자, 조사원은 질문서를 작성하여 끈질기게 이승만의 해명을 촉구하였다. 결국 2월 11일 이승만의 태도를 둘러싸고 회의가 개최되었는데, 회의 도중 싸움이 일어나 유혈사태로 번졌다. 문제는 이승만이 이 싸움을 하와이 경무청에 고소하면서부터였다. 결국 이승만의 재정남용에 대해 강경 주장을 편 4인은 살인미수 혐의로 하와이 경찰에 포박되었다. 2월 27일 고등재판소에서 재판이 시작되자, 이승만은 증인으로 참석하여 아래와 같이 증언하였다.

"그들이 박용만 패당이며, 미국 영토에 한국 국민군단을 설립하고 위험한 배일排日 행동으로 일본 군함 출운호出雲號가 호놀룰루에 도착하면 파괴하려고 음모하고 있는 무리들이며, 이것이 미국과 일본 사이에 중대

사건을 일으키어 평화를 방해하려는 것이니 저들은 조처하여야 한다."

이승만의 위 발언은 국민회 재정남용문제가 자신에게 불리하게 작용하자, 재정조사를 요구하는 대의원을 살인미수로 구속시킴으로써 사건을 비화시킨 데 이어, 법정 증언에서조차 이 사건과 직접 관련 없는 국민군단 문제를 거론하여 사건의 본질과는 전혀 다른 방향으로 재판을 유도하고 있었다. 물론 이승만이 평소 박용만의 항일무장투쟁노선에 대해 달가워하지 않았던 점을 인정한다손 치더라도 위 발언은 미국의 제1차 세계대전 참전을 계기로 연합국의 일원이 된 미국과 일본 간의 협력관계를 이용하여 자신에게 불리한 소송사건을 유리하게 이끌기 위한 의도였다.

3월 8일 하와이법정 판결 결과, 이승만의 고소가 모함으로 판명되었고, 살인미수는 증거가 없다는 이유로 기각하였다. 자신의 의도와 다르게 판결이 내려지자, 이승만은 "4지가 3지가 되더라도 싸워서 불량분자를 소청한다"고 하면서 "누구나 그 행동에 협동하지 않으면 사회를 파괴하려는 박용만파"라고 몰아붙이면서 하와이 한인사회에서 박용만과 그 지지세력을 추방하려 하였다. 이는 이승만이 이 사건의 배후를 박용만으로 몰아붙임으로써 한인사회 분열에 대한 책임을 박용만에게 돌리려는 행동이었다.

이에 대해 박용만 지지세력들은 국민회 재정남용에 대한 정확한 조사를 촉구하기 위해 1918년 3월 10일 오아후 각 지방대표들을 중심으로 연합회를 조직하였는데, 이름하여 '하와이국민회임시연합중앙회'라는 임시 단체였다. 연합회에서는 하와이지방총회장 안현경의 불신임과 지방총회에 국민의무금을 납부하지 말 것 등을 결의하였다. 이어 박용만은 3월 19일 「시국소감」이란 장문의 글을 발표하면서 그동안 참았던 속내를 터트렸다.

원래에 하와이 대한인국민회가 그 사업 발전을 위하여 유망한 인물을 청한다는 것이 이승만 박사를 청하여 온 것이오 그 인물을 받들기 위하여 국민회를 희생하자는 것이 아니었다. ……

처음에 이승만이 국민회 소유 엠마기지를 가져가려는 욕심으로 시비를 시작하여서 국민회를 전복하는 장난까지 하였는데 …… 이승만의 요구가 그 기지를 교회에 주지 말고 자기에게 주어서 학교 사업에 쓰게 하라 하였고 국민회가 그것을 허락하였다. 그러나 이승만이 그 기지를 자기의 명의로 넘기어 달라하므로 국민회가 학교 명의로 넘기겠다고 고집하였으니 그것이 공유물인 까닭이다. 이승만이 그것에 대한 감정으로 각 지방에 다니면서 글과 말을 돌리며 국민회 임원들을 비난하여 인심을 선동한 결과로 1915년 5월에 풍파를 일으켜서 염치없고 비열한 수단으로 국민회를 전복한 이후에 독재 행동으로 매사를 임의 처단하였는데 ……

이승만이 국민회 재무 직임을 가지고 공금을 잘못 쓴 것이 분명한데 그것을 교정하려는 대의원들을 모함하여 경무청에 체포하고 재판한 것이 염치없는 일이다. 더욱이 재판석에서 국민군단의 항일운동이 죄罪이고 국제 평화의 소란을 음모하는 것이니 조처하라고 호소한 것은 우리 동포의 애국정신을 변천시키고 독립운동을 음해하는 악독한 행동이다. ……

이승만이 글로는 민주를 주장하고 실제에는 경우와 공론을 멸시하며 말로는 도덕을 부르고 행실로는 작당과 몽둥이질을 교촉하며 동포를 대하여 죽도록 싸우자 하고 파쟁을 기탄없이 조장하니 이것이 자기의 조그마한 지위를 보존하려고 동포로 하여금 서로 충돌하여 망운을 초래하게 하는 행동이다.

후일에 학자가 있어서 하와이 한인사회 실정을 기록하면 보는 자 누구나 책상을 치면서 질책할 것인데 행여나 이것이 우리 민족 장래에 거울이 되기를 바라는 바이다.

그러나 문제의 본질이 해결될 기미를 보이지 않자, 연합회는 6월 초 13개 지방 대의원들과 연명으로 총회장 안현경에게 대의회 소집을 요구하였으나 거절당하였다. 이에 따라 7월 1일 연합회는 '하와이국민회 임시중앙연합회'를 정식 결성하였는데, 이 연합회가 당시 갈리히지방의 연합회가 중심이 된 관계로 대개 '갈리히연합회'로 불렸다. 물론 발기문에서 갈리히연합회는 "적어도 국민회의 질서가 정돈되는 때까지 임시적으로 조직을 결성"한다고 하였다. 그러나 이후 하와이 한인사회는 하와이국민회와 갈리히연합회로 양분되었고, 대한인국민회 중앙총회의 위상역시 하와이 한인사회에서는 급격히 약화되었다. 이에 따라 중앙총회장 안창호는 11월 연합회 해산을 권고하였으나 연합회는 11월 28일 기관지 『태평양시사』를 창간하여 이승만의 『태평양잡지』와 여론 대결을 펼쳤다. 그 결과 미주한인사회는 안창호·박용만·이승만 계열로 3분되었고, 10여 년간 해외한인의 최고기관으로 기능했던 대한인국민회의 지도력은 북미와 멕시코지역으로 축소되는 등 커다란 타격을 입게 되었다.

4
중국 · 러시아 : 군사통일회의와
독립군기지 개척

대조선독립단과 대한국민군 조직

3·1운동이 일어나기 1주일 전, 박용만은 한 장의 편지를 받았다. 그 편지는 3·1운동이 곧 일어날 것임을 알리는 내용이었다. 이 소식을 접한 박용만은 1919년 3월 3일 오아후·하와이·카우아이 섬의 지지자들을 모아 호놀룰루 소재 한인자유교회에서 대조선독립단 하와이지부를 조직하는 한편, '대한독립선언서(무오독립선언서)'를 번역하여 「Declaration of Independence by National Assembly of the Korean National Independence League」라는 영문제목으로 호놀룰루의 『퍼시픽 커머셜 애드버타이저Pacific Commercial Advertiser』지에 게재하였다. 그리고 3월 30일 대조선독립단Korean National Independence League 하와이지부 선포식을 정식으로 거행하였다. 대조선독립단은 '하와이 한인들의 복리증진과 독립운동 원조'를 목적으로 조직되었고, 창립시 약장約章을 제정하였다. 약장은 6장 58조로 구성되었는데, 이중 제1장 9개조의 내용 중 주요 사항을 보면 아래와 같다.

제1조 본 조직체는 조선 내지內地와 원동遠東의 각 단체로 조직된 대조
　　　선독립단의 한 부분으로 이름을 대조선독립단 하와이지부라
　　　함 ……

제4조 본단의 종지는 …… 한인사회에 심리를 민주주의로 지도하고 대
　　　소 인민의 사상을 자유정신으로 함양코저 함

제5조 본단의 목적은 조선민족의 독립운동을 항상 원조하기로 위주하여
　　　일반기관을 그 방면으로 사용하며 또 원동본부와 기타 각 단체로
　　　더불어 대동단결의 주의를 지켜 조선국가가 완전히 독립을 얻기
　　　까지는 그런 주의에 대하여 정신과 물질을 일체로 희생하기로 하
　　　며 원동본부에 대하여는 일체의 의무를 지휘대로 시행함

제6조 본단의 주요되는 사무는 …… 재정을 모집하고 교통을 민속히 하
　　　고 또 출판사업을 전력하며 외교활동을 시험함으로 제일 급무로
　　　인정함 ……

제9조 본단은 기원 4252년 3월 1일을 조선독립 반포한 경절로 지킴

　　위 약장에서 보듯이, 대조선독립단은 원동지역에 결성된 대조선독립
단의 지부임을 밝히고 원동의 각 군사단체와 군자금을 모집하여 군사운
농을 후원하는 데 있었다. 물론 대한독립선언서는 시린吉林에서 조직된
대한독립의군부를 주축으로 발표되었다는 점에서 의군부는 물론 상하
이의 동제사 역시 주요한 역할을 했을 것이다. 동제사 멤버로 대한독립
선언서에 참여한 인물은 박용만을 비롯하여 신규식·신채호·박은식·
조소앙 등이 있다.

이처럼 국내 및 중국 등지의 독립군단과 통일을 꾀하기 위한 대조선독립단을 설립한 박용만은 4월 13일 상하이에서 조직된 대한민국임시정부 외무총장에 피선된 데 이어 한성정부에서도 외무총장으로 임명되었다.

5월 17일 미육군 운송함 토마스 호를 타고 호놀룰루를 출발한 박용만은 마닐라를 거쳐 7월경 러시아 블라디보스토크에 도착하였다. 그가 블라디보스토크로 향한 이유는 그 곳에 국민군이 활약하고 있다는 소식을 듣고 있었기 때문이었다. 블라디보스토크 도착 후 한상량韓相良으로 이름을 바꾼 그는 미국 시베리아원정군 사령부를 찾아가 정보를 제공하는 한편, 『한인신보』에 관여하면서 미군과 연락을 주고받던 김현토(본명 김현세)와 이종익을 만났다. 이들의 소개로 박용만은 니콜리스크로 이동하여 8월 말경 조성환·이민복·백준·박상환·이승복·김병희 등과 만나 대한국민군大韓國民軍을 조직하였다. 박용만은 대한국민군 총사령부를 블라디보스토크에 설치하고 총사령에 조성환, 자신은 총참모로 취임하였다. 이는 간도·하와이·국내에 독립군단을 설치하고, 이를 통괄할 총본부를 연해주에 설치한 것이다. 조성환은 이미 미주 주요인사와 서신교환을 통해 자주 연락하여 서로 알고 있던 사이이고, 박상환은 국내부터 알고 지내던 인물이었다. 또한 박용만은 국내의 김성수와 민영달에게 서신을 보내 연해주로 망명하여 그들의 자금으로 독립군 활성화 계획에 참여해 줄 것을 부탁하는 한편, 군자금 모집을 위해 이승복·김병희·박상환 등을 국내로 파견하였다. 그러나 이들이 모두 체포되는 바람에 김성수와 민영달의 연해주 망명과 군자금 모집계획은 실패하고 말

| 1919년 대조선독립단 단원과 함께(앞줄 정 가운데가 박용만)

| 미 육군 수송함 토마스호

앉다.

한편, 박용만은 1919년 9월 국내의
한성정부, 러시아의 대한국민의회, 그
리고 상하이의 임시정부가 통합하여
수립한 대한민국임시정부의 외무총장
으로 피선되었으나, 즉시 취임하지 않
고 이동휘 등과 함께 하와이 대조선독
립단을 비롯하여 국내 및 해외 각지에
국민군을 확대·조직하는 방안을 강구
하였다. 그는 먼저 국내에 국민군을 조
직하려 하였는데, 그가 구상한 국민군
배치계획은 각 도에 정원 2,500명 정
도의 1개 연대를, 각 군에는 정원 200
명 정도의 1개 중대를, 각 면에는 정원
50명 정도의 1개 소대를 설치하는 것
이었다. 또한 각 군에서 생도를 모집하
고 사령부에 보고하도록 하는 한편, 기
관 편제는 총지휘관을 두고, 그 아래
참모관·군사관·주향관·검사관을 두
며, 참모관 휘하에는 정보국과 교통국
을, 군사관 휘하에는 초모국召募局과 편
제국編制局을, 주향관 휘하에는 주향국

| 대조선국민군단 시절의 박용만

과 회계국을 두었다. 그리고 도 사령관은 독판督辦, 군 지휘관은 협판協辦, 면 주계主計는 주향관으로 명명하였다. 이 편제는 참모관은 각지 독립군과 연락 및 통신, 그리고 일제의 동태 파악을, 군사관은 독립군 인력 모집과 양성 및 조직과 인사를, 주향관은 군대 운영에 필요한 재정 확보 등을 담당한 것이었다.

이러한 계획에 따라 가장 먼저 조직을 시도했던 곳은 평안북도 태천이었다. 노백린으로부터 밀서를 받은 공익순은 1920년 1월 중국 펑티엔에서 태천 출신 박재곤을 만나 태천군에 대조선국민군을 조직하고 이를 점차 전 지역으로 확대할 것을 협의하였다. 이 협의에 따라 공익순은 김응초와 함께 대조선국민군 포고문을 휴대하고 태천군으로 갔다. 공익순은 그곳에서 박재곤·최이복을 만나 논의한 끝에 포고문만으로는 동지 규합이 어렵다고 하자, 임명장 수령을 위해 김응초를 중국 안동현 이룽양행怡隆洋行의 양준명에게 파견하였다. 그리고 공익순 등은 2월 하순 나효준 등 25명의 청년을 규합하여 의연금을 모집하는 한편, 대조선국민군에 가입시켰다. 그러나 김응초가 일제경찰에 체포되는 바람에 2월 말 조직이 탄로나 국내 국민군 조직은 실패로 돌아갔다.

1920년대 초, 박용만은 임시정부가 있는 상하이 대신 베이징으로 건너와 김가진 등이 조직한 대동단의 무징부징武政部長으로 활동하였다. 때문에 대한민국임시정부에서는 1920년 3월 군무총장 노백린과 외무총장 박용만이 취임하지 않는 것에 대해 비판하였다. 그리하여 그 해 3월 29일 상하이에 도착한 박용만은 4월 3일 만찬회를 개최하고 안창호를 만난 자리에서 자신은 군사주의에 뜻이 있으므로 외교 일은 보지 못하겠다고 말하였다. 이에 따라 임시정부에서는 4월 19일 국무원 회의를 열고 박용만을 의원면직하였다.

중로연합선전부 결성

하와이를 떠나 블라디보스토크에 머물면서 국민군을 창설하려던 계획이 일제의 탄압과 자금 부족으로 실패하자, 박용만은 베이징으로 거점을 옮겨 반임시정부 세력을 결집하려 하였다. 1920년 4월 중순, 박용만은 먼저 문창범을 만나 군사단체의 통일과 러시아에서 항일무장투쟁을 전개하는 방안을 협의하였다. 문창범은 재러한인 독립운동단체인 대한국민의회 회장을 역임하였으며 임시정부 교통총장직을 거부하고 베이징으로 건너온 인물이었다. 박용만이 러시아로 가 무장투쟁을 전개하고자한 것은 1920년 4월 연해주 주둔 일본군이 한인독립운동단체와 신한촌을 습격하는 등 이른바 '4월 참변'으로 인해 연해주 일대에서는 항일투쟁을 전개하기 힘들다는 판단 때문이었다. 이때 대동단 상무부장 나창헌도 그에게 러시아로 가서 활동할 것을 권유하자, 5월 러시아를 향해 베이징을 출발하였다. 이때 신채호·유동열·김영학이 동행하였다. 신채호는 임시정부가 내각을 조각할 당시 박용만을 국무총리로 추천하였으며, 이승만의 위임통치 청원을 비판·성토하면서 임시정부를 탈퇴하고 베이징으로 건너온 인물이었다. 6월 문창범 등의 활동 근거지인 러시아 포그라니치나야에 도착한 그는 문창범·김영학·김하석·고창일 등 대한국민의회 인사와 신채호·유동열 등과 함께 독립군의 무장투쟁을 위한 무기 및 탄약 구입을 위해 노력하는 한편, 바이칼 호 서쪽의 이르쿠츠크와 톰스크 중간지대로 이동하여 그 곳에서 국민군을 조직할 것을 논의하였으나, 이 역시 끝내 이루어지지 않았다.

러시아지역 내 국민군단 설립계획 실패 후 베이징으로 돌아온 박용만은 1920년 7월 유린과 만났다. 유린은 극동공화국 전권위원으로 베이징과 텐진天津에서 공산주의 선전에 힘을 쏟던 인물이었다. 유린과의 만남 이후 박용만은 1920년 늦은 여름 비밀리에 모스크바로 건너가 소비에트러시아정부와 비밀조약을 맺었다 한다.

조약문

노농정부勞農政府(소비에트러시아정부)와 대한민국임시정부는 석일昔日 러시아와 한국 양국 수교에 기초하여 공수동맹을 체결하고 상호 아래의 조항을 지킨다.

1. 노농정부는 전 세계 인류의 요구하는 공산평등주의를 동양에 선전해야 하기에 대한민국임시정부는 그에 찬동 원조하고 공동동작을 집행할 것.

2. 대한민국임시정부는 한족韓族의 자립을 기도하고 또 동양평화를 영원히 확보해아 하기에 노농정부는 그에 찬동원조하고 공동동작을 집행할 것.

3. 노농정부는 중로中露(시베리아)지방에 대한민국임시정부의 독립군 주둔 또는 양성을 승인하고 그에 대하여 무기·탄약을 공급할 것.

4. 대한민국정부는 중로지방에 주둔하는 독립군으로써 노농정부 지정

러시아군사령관의 명령을 받아 행동하게 할 것과 중로지방 공산주의의 선전과 중로지방 침략의 목적을 가진 적국과 대전할 경우는 임기臨機 사용할 것을 승인함.

5. 전 각항의 목적을 달하기 위해 중로지방에 중로연합선전부中露聯合宣傳部를 설치함. 동 선전부는 노농정부 지정위원과 대한민국임시정부 지정위원으로서 조직함.

6. 대한민국임시정부는 본 조약 제2항의 목적을 달성하고 정식정부를 수립하는 날까지 10년 이내에 자국 군대에 사용된 무기·탄약의 상당대가를 노농정부에 상환하고 또 사례장을 보낼 것.

조약 내용에 따르면 박용만은 대한민국임시정부를 대표하여 소비에트러시아정부와 조약을 맺었는데, 그 내용은 임시정부와 러시아정부는 상호 승인하고, 러시아정부는 한국의 독립을 위하여 시베리아에 독립군 근거지를 마련하여 탄약과 무기를 공급하고 함께 대일항전을 전개할 것이며, 이를 위해 러시아정부와 임시정부는 지정위원으로 구성된 중로연합선전부를 설치하자는 것이었다. 중로연합선전부란 중국·러시아·한국 등 3국이 연합하여 선전부를 조직할 것을 말하는 것으로, 일명 화아선연합선전부華俄鮮聯合宣傳部로 일컫기도 하였다.

그런데 한형권의 회고에 의하면 1920년 4월 그가 임시정부 특사로 모스크바를 방문하여 레닌·치체린(외무인민위원장)·카라한(부위원장) 등을 만나 임시정부 승인, 한국독립군에 무기 공급, 시베리아에 사관학교 설치, 독립운동자금 지원 등을 요구하여 이에 대한 동의를 얻었다고 술

| 1920년 제2차 코민테른 대회에 참석한 박진순(레닌 우측에 앉아 있다)

회하고 있다. 다만, 한형권이 모스크바 방문시 코민테른 박진순의 도움을 얻어 체결한 것이었는데, 일제가 박진순을 박용만으로 잘못 파악하는 바람에 박용만이 체결한 것처럼 오인되었다고 한다. 그리고 1920년 12월 10일사 『오사가아사히신문』에 위 비밀조약 6개 항 전문이 보도되고, 중국신문들이 앞 다투어 이를 신문에 옮겨 싣자, 임시정부는 『오사카아사히신문』의 기사는 허위이며, 임시정부는 아직 수비에트러시아정부와 아무런 조약도 체결하지 않았다고 해명하였다.

　이상에서 보면, 위 밀약 체결은 한형권에 의해 이루어진 것으로 보인다. 그럼에도 1920년 말 소비에트러시아는 치타에 연합선전부를 조직하고 부장에 유린, 부부장에 박용만, 위원장 망그, 위원부장에 문창범과 중국인 왕푸린王福麟을 임명하였다. 이처럼 연합선전부는 산하에 군정국·재정국·교통국·선전위원회를 설치하고, 지부는 중국의 베이징·상하이·톈진·하얼빈·간도, 한국의 서울·평양·대구·회령, 일본 도쿄 등지에 두기로 하였다. 이에 따라 연합선전부 부부장 박용만은 1920년 12월 초순 한알렉산드르와 김하석金夏錫을 니콜스크로 파견하였다. 이들은 안정근·왕삼덕과 만나 협의한 결과, 동릉현 삼차구三岔溝 상촌 고려촌에 간도지부를 설치하는 한편, 왕칭현 나자구와 둔화현 냉수천자에는 각기 분파소를 설치하였다. 또한 선전지부장에 안정근, 선전지부위원장에 왕삼덕, 선전지부 집행군무사령관에 홍범도, 기타 선전지부 위원 30명을 선정하였다. 또한 지부장·위원장 등은 고려촌에, 집행군무사령관은 둔화현 냉수천자에 머무르며, 선전지부장과 위원은 간도지방과 중국·러시아 국경 부근 거주 한인을 대상으로 공산주의 선전과 일본군경 습격 등 무장투쟁을 전개하기도 하였다.

1921년 1월 박용만은 베이징에서 연합선전부 부장인 유린과 만나 일부 위원을 국내로 파견할 계획을 세우는 한편, 임시정부와 결별하고 블라고베시첸스크(흑하)로 이동하던 이동휘, 시베리아의 문창범, 그리고 조성환 등을 만났다. 이 만남에서 박용만은 극동공화국과 소비에트러시아의 후원을 얻어 이동휘의 한인공산당, 문창범의 대한국민의회, 만주의 독립운동세력과 연계하여 베이징에 만주독립군총사령부를 설치할 계획을 세웠다. 이 계획은 일본군의 간도 출병 이후 만주 독립군이 러시아로 대거 이동하자, 만주에 남아있던 독립군을 총괄하고 한 것이었다. 또한 2월 하순에는 하바로프스크에서 이동휘·문창범·신채호·조성환

| 군사통일촉성회 개최지

등 러시아 각지의 한인 대표자 100여 명과 회합을 갖고 그곳에 한족공
산당을 설치하고 니콜라예프스크에 있는 한인 빨치산을 규합하여 그 해
여름 간도로 남하할 계획을 세웠으나 무위로 끝났다.

1921년 3월 러시아 공산주의자 늑농위원과 함께 베이징으로 돌아온
박용만은 그 해 4월까지 신숙과 함께 이동휘 계열의 한족공산당 소속
박진순·김립과 수차례 만나 재정 지원과 군사단체 통일문제를 논의하
였다. 이처럼 박용만은 1921년 초반, 독립군과 밀접한 관련을 맺고 있
던 이동휘의 한족공산당과 문창범의 대한국민의회와 군사적 통합을 시

도하였다. 박용만이 이들과의 군사통합을 시도한 것은 군사통합 후 러시아와 극동공화국, 그리고 코민테른의 지원을 얻어 독립군을 무장시켜 대일항전을 전개하려는 목적 때문이었다. 그러나 이동휘 그룹이 전한군사위원회와 대한의용군을, 문창범 그룹이 고려혁명군정의회와 고려혁명군을 편성하는 등 독자적으로 군대를 설립하고 러시아 적군과 연계하여 대일항전을 준비함으로써 박용만이 시도한 통일 군사조직은 실패하고 말았다. 박용만이 구상한 통일된 군사조직체 결성 계획이 허사로 돌아가자, 그는 1921년 4월 17일 베이징에서 신숙 등과 함께 군사통일회의를 결성하게 된다.

군사통일회의 개최

1920년 9월, 박용만은 베이징에서 국내를 비롯한 서북간도·러시아의 한인대표를 소집하였다. 그가 국내외 한인대표를 소집한 것은 군사통일촉성회를 설립하기 위한 목적 때문이었는데, 이는 마치 1908년 애국동지대표회 개최 목적 및 방식과 유사하였다. 다만 차이가 있다면 미국의 위임통치를 주장한 이승만과 이를 묵인한 대한민국임시정부와 임시의정원을 비판하고 새로이 항일무장투쟁세력을 결집하고자 한 점이다. 참석자는 신숙·신채호·이회영·배달무·김대지·김갑·장건상·남공선 등을 포함하여 총 15명으로, 박용만은 이들과 함께 군사통일촉성회를 결성하였다. 이들은 1920년 초 임시정부 노선에 반발하고 무장투쟁론에 근거한 대일항쟁을 표방한 인물로서, 박용만·신채호·이회영 등 베이징

거주 명망가와 의열단·천도교·대한국민의회 출신이 주를 이루었다. 군사통일촉성회는 설립 직후 배달무와 남공선을 남만주와 북만주로 각각 파견하였다. 만주지역 대표자를 소집하여 군사단체 통일문제를 논의하기 위함이었다. 그리고 1920년 12월에는 이회영과 함께 성준용을 파견하여 서간도의 이상룡李相龍에게 촉성회 소식을 알리는 한편, 이듬해 1월에는 편지를 보내 재차 베이징으로 올 것을 간청하니, 이상룡은 1921년 1월 11일 베이징으로 건너왔다.

1921년 초반 당시, 만주지역은 임시정부 노선에 반발하여 이동휘·문창범 등 굴직한 인사들이 대거 이탈하였고, 그에 따라 30여 개에 달하는 한인군사단체를 지도할 기관조차 없는 현실이었다. 따라서 박용만은 임시정부를 제외한 만주지역 군사단체를 통일하는 군정부를 만들기위해 1921년 4월 17일 군사통일회의를 개최하였다. 이 회의 참석한 대표들은 국내의 국민회(박용만)·대한광복단(권경지)·조선청년단(이광동·이장호)·노동당(김갑)·통일당(신숙·황학수·신달모), 하와이의 대조선국민군단(김천호·박승선·김세준)·대조선독립단(권승근·김현구·박건병), 북간도의 대한국민회(강구우), 서간도의 서로군정서(성준용·송호)·광한단(홍남표·어수갑), 러시아의 대한국민의회(남공선) 등 11개 단체였으며, 회의 순서는 나음과 같다.

4월 17일

임시 임원으로 의장 신숙, 서기 박건병, 사경察警 권경지·어수갑, 각 대표원 자격심사위원 남공선

4월 18일

늦게 도착한 국내 노동단 대표 김갑을 포함하여 참석 대표 자격 인준

4월 19일

회의명을 '군사통일회의(軍事統一會議)'로 명명. 정식 임원으로 자격심사위원 역할이 끝난 남공선을 제외한 임시 임원 4인 승인.

4월 20일

군사위원(김세준·황학수·박용만·성준용·강구우), 시국문제연구위원(신숙·김갑·이장호·박용만·남공선), 재정위원(신숙·강구우·이장호), 의사심사위원(박건병·홍남표·이광동), 서무위원(김갑·김세준·권경지) 선정. 의제에 「군사에 관한 사항」, 「시국에 관한 사항」포함.

4월 23일

「각 단체 통일적 연합안」, 「군사운동 주요계획 및 각단 임무분담안」통과. 서무위원으로 신달모·송호 2인 증선, 서기로 홍남표 1인 증선.

4월 24일

군사단체 통일을 위해 '군사상 총기관' 설립 결의

4월 25일

서간도군정서 대표 성준용의 사임으로 군사위원을 남공선으로 교체.

4월 27일

상해임시정부 불승인 문제로 광한단 대표 홍남표와 어수갑 탈퇴.

이러한 과정을 거쳐 광한단과 서로군정서 성준용을 제외한 총 10개 단체, 17명으로 군사통일회의 대표가 확정되었다. 참석 단체와 대표들

의 면면을 살펴보면, 하와이 대조선국민군단과 대조선독립단은 박용만이 1914년과 1919년 3월에 설립한 단체였고, 대한국민의회 남공선 역시 하와이에서 한민학교 교사로 근무한 바 있었으며, 서로군정서의 송호(한봉수, 한헌, 본명 송주宋周)는 신흥무관학교 출신으로서 일찍이 이회영과 박용만이 무장투쟁노선을 함께 했다는 점에서 박용만 지지세력이었다. 국내세력인 통일당은 1919년 4월 천도교인들이 조직한 세력을 바탕으로 1921년 4월경 새롭게 정비한 단체로 신숙 계열의 단체이고, 북간도 국민회의 강구우 역시 천도교인이었다. 다만, 노동단의 김갑(본명 김진원)은 상해임시정부 내 무력파로 군사통일촉성회에 관여한 인물이었다. 이처럼 군사통일회의는 군사통일촉성회에 참여한 인물들을 중심으로 박용만과 신숙의 천도교 계열 인물들이 주로 참가하였다.

이들은 군사통일회의를 통해 군사단체 통일과 군사상 총기관 설립안 등이 통과되자, 바로 실행에 들어갔다. 그리하여 5월 23일 군사조사위원으로 강구우·송호·남공선을 북간도·서간도·러시아로 각각 파견할 것을 결정하는 한편, 5월 31일에는 「장교양성안」을 통과시켰다. 장교양성안에 따르면 중국·러시아 방면에 사관학교를 건설하고 6개월 혹은 1개년 과정으로 매년 800명(약 5개 중대)의 장교를 양성하기로 계획하였나. 또한 러시아의 동일된 독립군부내는 후일의 국내 신공삭선을 '준비'하고 만주의 독립군부대는 지휘계통을 통일하여 국경 지대에서 유격전을 벌이는 '진공'을 감행하기로 의결하였다 한다.

이 계획에 따라 대한국민회 중부지방회장을 지낸 바 있는 강구우는 1921년 말에서 1922년 초 링구타寧古塔 부근에서 국민회·의군단義軍團 출신 200여 명을 규합하여 고려공산당 북만지부를 설치하여 군사통일회의에서 결정한 군사기관을 설치하였다. 또한 1921년 8월 초순에는 천도교인 이영근(일명 이민창)이 북간도에서, 그리고 대한국민의회에서 활동한 남공선은 북간도와 러시아에서 군사통일회의의 임무를 띠고 활동하였다. 박용만은 국내에도 군사기관을 설치하기 위해 1921년 중반, 이회영으로부터 김유경을 소개받고 그에게 대조선국민군 포고문, 임명장 등의 문서를 주어 국내로 파견하였다. 뿐만 아니라 군사통일회의는 군사기관 설치를 위해 각지의 독립운동가 규합에도 힘을 쏟았다. 1921년 여름, 신숙과 박건병은 상하이에서 문병무 등 청년 십 수 명을 규합하여 베이징으로 귀환하였으며, 박건병 역시 1921년 8월 초순 상하이에서 군사통일회의 참여를 독려하였다.

또한 이즈음 박용만은 베이징에서 신채호·김창숙·조성환·노백린·서왈보 등과 제2차 보합단普合團을 조직하였다. 보합단은 대한민국군정부를 목적으로 조직된 단체였기에 단장은 대통령의 직무를 수행할 것을 단칙으로 정하였다. 행정 각부는 단장에 박용만, 군임장에 노백린, 재임장에 김창숙, 내임장에 신채호, 사령관에 김좌진 등이었다. 또한 이들은 국내외 각지에 중한호조단中韓互助團 결성과 군자금 모집을 위해 도쿄·서울·대구·부산·함흥·안동 등지에 공작원을 파견하였다.

이러한 활동과 함께 군사통일회의는 활동자금 마련을 위해 각 단체별로 사업비를 분담하고, 군자금 모집을 위해 모연대募捐隊를 설치하였다. 이에 따라 박용만은 1921년 중반 하와이 대조선독립단 총단장에게 재정 지원을 요청하자, 대조선독립단 하와이지부는 9월경 총단장 명의로 경북 동래, 충북 괴산, 부산 등지에 편지를 발송하여 대미위임통치청원사건의 주인공 이승만을 비판하고, 안창호·이동휘 등이 참석하는 국민대회가 개최되어 독립운동 방략을 모색한다고 알림으로써 국내 인사들의 군사통일회의 후원을 유도하였다. 그리고 박용만은 서울의 김휘중金輝重에게 자금 지원을 요청하였으나, 김휘중이 4,000원의 자금을 모집하여 제공하려다 체포되는 바람에 실패로 끝나고 말았다.

이처럼 국내와 미주로부터 자금 지원이 여의치 않게 되자, 박용만은 러시아정부로부터 필요한 자금을 후원받고자 하였다. 1921년 7월 박용만은 귀화한인 출신인 러시아 육군소장 김인수를 통하여 러시아정부와 연락을 취하는 한편, 같은 해 11월에는 모스크바에서 온 박진순·한형권, 그리고 문창범의 대리인 신채호를 만났다. 이때 박진순과 한형권은 문창범이 러시아정부와 맺은 조약을 존중하고 다음달 12월에 하얼빈에서 독립운동가대표자대회를 개최할 것을 요청하였는데, 성사되지는 않은 것 같다. 또한 박용만은 1921년 10월 하와이 대조선독립단에 한인들의 통일방책 강구를 지시하였다. 대조선독립단에서는 1921년 10월 하순 시험적으로 '조선인의회Congress'를 소집하기 위한 준비회를 개최하였는데, 이 대회에 1천여 명의 독립단원들이 참석하여 조선인의회에 출석할 대의원 5명을 선출하기도 하였다.

그러나 러시아정부로부터 지원을 받아 군사단체 통일과 군사기관을 설치하고자 했던 박용만의 계획은 러시아정부의 지원 불이행, 1921년 6월 발생한 '자유시참변自由市慘變'으로 600여 명의 독립군이 전사하거나 행방불명된 점, 한인공산당 세력의 비협조 등으로 인해 실패하고 말았다.

군사통일회의의 임시정부 창조 주장

박용만은 군사통일회의 개최 직후부터 대한민국 임시정부를 부정하고 새로운 정부 수립을 도모하고 있었다. 1921년 4월 24일 군사통일회의는 대한민국임시정부와 임시의정원 불승인안을 통과시키는 한편, 이 사실을 임시정부에 통고하였다. 이어 3일 뒤인 27일에는 대조선공화국임시정부승계안을 통과시켜 군사통일회의가 대조선공화국임시정부를 계승하였음을 천명하였다. 그 후 박용만 등은 군사통일회의에서 5월 17일에는 「선언서」 초안을, 같은 달 20일에는 「성토문」 초안을 통과시켜 이를 천명하였다. 「선언서」 내용을 풀어보면 다음과 같다.

선언서

본 군사통일회의는 이에 일반 국인國人의 의지를 대표하여 중국 상해에서 부정당不正當 불신성不神聖하게 조직된 대한민국임시정부 및 임시의정원을 일체로 불승인하고 또 그 과거와 장래의 제반시설을 무효로 인정함과 기원 4252년 4월 23일 국내 국민대회에서 발포發布된 대조선공화국 임시정부의 계통을 승계하여 아주 새롭게 조직할 것과 이를 조직함에는 전국 민의에 부응하기 위하여 국민대표회國民代表會를 소집할 것을 내외에 선언하노라.

생각컨대 우리 독립문제는 군사軍事가 아니면 해결이 불능이오 군사운동은 통일이 아니면 성공을 바라기 어려우니 이에 군사통일의 절대 필요에 비추어 국내외 각 단체의 연합으로 성립된 본 회의는 그 목적이

실로 이에 벗어나지 않으며 그 정신이 또한 이에 있을 뿐이로다.

무릇 공동동작은 군략상 둘도 없는 비결이라 다시 군사통일의 필요를 쓸데없이 거론할 바 없거니와 지금에 시험 삼아 우리 군사의 상황을 살피건대 갑군甲軍과 을단乙團이 각각 국내에 대하여 응원을 청하며 국외에 향하여 동정을 구할 새 번번이 자기 자신의 명의만을 표방하여 내외의 인심을 현혹케 하며 또한 진공進攻과 퇴수退守를 당하여도 그 동작이 각개적인 고로 독립선언 후 3년에 아직 적에 대하여 일대 결전을 시도하지 못함이 사실이라.

그런즉 현역병이나 예비병을 물론하고 모두 독립군의 직책職責이 있는 우리 2천만 민중은 마땅히 그 정신이 하나의 기치 하에 집중되며 그 동작이 하나의 호령 하에 지배되어 동심동덕同心同德으로써 적을 대하지 아니치 못할지니 고로 정치문제는 금일 내가 취론取論할 바가 아니라 하여 단순히 군사문제를 해결함에 마땅한 본 회의로도 역시 최고기관문제를 먼저 해결치 아니치 못하게 되었도다.

군사로 유일주의를 일으킨 본 회의는 과거 반년 남짓의 지장과 험관險關을 돌파突破하여 고심참담苦心慘憺의 노력으로써 다수한 단체 대표의 회집會集 하에서 본년 4월 17일에 회의가 열리매 이로부터 전도 대업에 한 번 나아갈 기회를 전개하리라 함은 본 회의도 자신하는 바-어니와 날로 죽음을 각오하는 일전一戰을 열망하는 일반 국민의 기대도 또한 없지 아니하리로다.

오호라 나라가 망한 지 10년에 우리는 광복을 도모하여 만주의 황야와 시베리아의 험지에 전전유리轉轉流離하면서 어느 때든지 통일적 공동

동작 하에서 왜적과 일사一死를 겨루어 보자던 우리가 아닌가. 그러나 과거에도 결렬과 저어齟齬의 점이 없지 아니하였거니와 현금에 있어서는 분열의 위기가 더욱 절박한지라 그런즉 단결의 절대 필요는 일반이 동감하는 바—어니와 더구나 칼을 잡아 국민의 선도先導로 희생을 일으키려 하는 우리 군계軍界에 있어서는 이것이 가장 급한 선결문제가 아닌가.

고로 본 회의는 우리 군계의 통일적 공동동작으로 혈전의 개시를 꾀할 뿐이오 공언공담空言空談으로 암투에 골몰하는 이른바 정계의 시비득실을 간여코자 아니하였노라. 그러나 현금 정계의 독해毒害는 시국으로 하여금 점점 분규착잡紛糾錯雜을 더하여 군인은 진로를 잃으며 민심은 향방을 분간하지 못할 새 대국大局의 위험이 실로 아주 가까운데 있는 지라. 이에 대국 안위安危에 책임이 있는 본 회의는 군사통일의 방침과 군사행동의 계획을 의논하여 결정한 뒤 부득이 시국문제를 토의할 새 급선무로 최고기관 문제에 근본적 해결을 가加하지 아니치 못하게 되었도다.

지금에 최고기관 문제를 해결코자 할 새 이른바 상해 임시정부와 임시의정원이 있어 감히 최고기관으로 자처하나 그러나 이는 우리 2천만 국민이 결코 신뢰하여 승인한 바가 아니오 군민軍民 통일의 일대 장애물인 그 기관은 하루라도 그 존재를 불허함이 독립운동의 첩경이라 하노니 청컨대 그 이유를 아래에 순서대로 나열하리라

　　갑.　상해 임시정부 불승인에 관한 이유

　　1.　　상해 임시정부는 원래 상해 한 구석에 있는 극소수 사람의 사심으로써 만세소리 중에 국내 국민대회에서 조직 발포된 정부

를 무시하며 겸하여 국내외 동포의 의사를 널리 수렴하여 채택하지 아니하고 국부적局部的으로 조직되었으며 또 그 신조직의 벽두에 당하여 대미위임통치 청원사건이 드러났음에도 불구하고 이승만이 그 수령의 자리에 처하였으니 그 조직이 근본적으로 부정당 불신성한 바이오

2. 상해 임시정부는 성립 이래 독립운동에 대하여 가히 열거할 성적이 없을 뿐 아니라 도리어 러시아령에 있는 대한국민의회에 대하여 무성의한 타협을 개시한 당시에 사기적 수단으로써 한성정부 봉대奉戴의 조건을 상해정부 개조의 형식으로 환작幻作하여 대국大局의 분규를 야기하였으며

3. 상해 임시정부는 그 당국의 3년간 시정施政이 각각 자기 자신의 사당私黨을 심어 문호를 세움의 야비적 행위 뿐으로써 그 영향은 점차 일반사회에 파급되어 독립선언 당시에 거국일치로 통일되었던 민심을 분열상태에 빠지게 하였으며

4. 상해 임시정부는 국가의 더없는 수치오 민족의 막대한 오욕인 대미위임통치청원사건에 관하여 싱대빙으로 미국에 향하여서나 안으로 국인國人에게 향하여서나 밖으로 열방列邦에 향하여 한 마디의 변명이 없을 뿐 아니라 도리어 그 각원閣員은 매국매족賣國賣族의 행위을 감행한 이승만을 절대로 옹대擁戴하여 밖으로 국가의 체면을 돌보지 아니하고 안으로 민족의 정신을 현혹케 하니 대미위임통치에 대하여 묵인 혹은 부화뇌동의 책임을 면하지 못할 바라

을.   상해 임시의정원 불승인에 관한 이유

1.   상해 임시의정원은 원래 상해 한 구석에 있는 극소수 사람 즉 자칭 모모 도대 대표로써 국내외 동포의 의사를 가급적 널리 수렴하여 채택하지 아니하고 국부적으로 조직되었으니 그 성립이 근본적으로 부정당한 바오.

2.   상해 임시의정원은 대미위임통치 청원의 죄를 자세히 조사하여 밝히지 아니할 뿐 아니라 도리어 상해 임시정부 조직 당시에 위임통치 청원사건의 전파됨을 불구하고 그 청원자 이승만을 국무총리로, 그 연루자 안창호를 내무총장으로 추천하여 뽑고 또 상해 임시정부 개조 당시에는 미국에 있으며 대통령이라 자칭한 이승만의 의지를 영합하여 국적國賊인 이승만을 대통령으로, 안창호를 노동국총판으로 추천하여 뽑았으니 역시 위임통치에 대하여 묵인 혹 찬동의 책임이 스스로에게 있는 바오

3.   상해 임시의정원은 상해 한 구석 극소수 사람의 의사로써 국내 국민대회에서 조직발포된 정부를 무시하고 또 상해 임시정부에서 러시아령에 있는 대한국민의회에 대하여 사기적 교섭을 행한 일에 협동하여 상해정부 개조의 형식을 취하였으니 역시 대국 분열의 책임을 면하지 못할 바라.

이상 이유에 의하여 상해 임시정부와 임시의정원은 당연히 불승인할 바-오. 우리 최고기관문제에 당하여는 마땅히 기원 4252년 4월 23일 국내 국민대회에서 조직된 임시정부를 봉대할지니 어떤 까닭이오. 이는 즉 우리 조선이 독립국임을 세계 만방에 선언한 당시 자유의 피와 만

세의 소리 가운데 국도國都 한성에서 희생국회로부터 정당하고 신성하게 산출된 것인 까닭이라. 혹 법리에 몽매한 자, 그 정부의 정당하고 신성함은 시인하면서 3년간이나 그 직원이 취임하지 아니하였다 하여 정부까지 따라 소멸된 줄로 간주하겠으나 이는 법인과 자연인의 경계를 구별하지 못함이니, 가령 모某정부의 직원이 총사직된다 하면 동시에 그 정부가 따라 소멸될 것이뇨. 만약 혹 그렇다고 하면 국가 구성의 한 요소인 주권이 소멸되는 때 그 국가는 즉 국가의 자격을 상실하나니 그런즉 자연인인 정부 직원의 진퇴를 국가의 존망으로 동일하게 보겠나뇨. 이는 다언多言을 불사不俟하고 그 이치가 자명한 바라. 고로 대조선공화국 임시정부의 법체는 취소의 형식이 있기 전까지 의연히 존재할 것이 의심할 바 없도다.

그러나 대조선공화국 임시정부의 인물은 대미위임통치청원사건이 전파되기 전에 조직된 고로 위임통치 청원자 이승만이 집정관 총재의 자리에 당선되었고 기타 인물도 역시 3년을 지난 오늘까지 그 직권을 포기할 뿐 아니라 도리어 부적법 불합리한 상해정부에 입각하였으니 자연의 세勢로 집정관 총재 이하 모든 각원은 이미 무효되었으며 또 그 제도도 시의에 의하여 변경할 필요가 있는지라 고로 단, 그 정부의 계통만 승계하고 그 인물과 제도는 새롭게 조직함이 가하며

또 우리 2천만 민중의 정신을 집중하고 동작을 지배할 최고기관의 인물과 제도를 조직함에는 마땅히 이천만 민중의 공결公決에 의할 것이오. 결코 국부적으로 편벽되히 할 바가 아닌 고로 가급적 국민대표를 원만히 소집하여 이를 해결함이 가하다 하노라.

고로 본 군사통일회의는 이상과 같이 결의하고 거듭 본년 4월 27일
에 상해 임시정부와 임시의정원에 대표를 파견하며 통첩을 발송하여 본
회의의 의사를 통고한 동시에 그 정부 당국자의 인책 자퇴와 의정원의
취소를 요구하고 다행히 저쪽 편으로부터 성의의 답장이 있어 이 난국
을 화충공제和衷共濟할 방도가 있을까 기대하였더니 소요所要의 답장기간
이 이미 지나되 필경 어떠한 회보가 없을 뿐 아니라 현금 그 정부원 중
총리 이하 총·차장은 거의 전부가 국민의 여론에 응하여 퇴직 하야함을
불구하고 국적國賊 이승만은 의연히 대통령의 허위虛位를 연연하여 버리
지 못하며 또 그 당여黨與인 모모 수 삼 각원은 이승만 1인을 2천만 국민
보다 더 경애함인지 이승만 개인을 반만년 사직보다 더 존중이 여김인
지 그렇지 않으면 대미위임통치를 더없는 영광으로 생각함인지 저 이승
만을 옹호함에 급급하여 본 회의의 첩문牒文이 전달된 후에 재빠르게 수
삼 각원의 궤모詭謀와 이승만의 망령된 판단으로써 모모를 총리·총장으
로, 모모를 차장·국장으로 임명하여 그 당여黨與인 십 수 명 소위 의정원
議政員의 동의로써 내각의 국부 개조를 감행하였다 하니 그들이 지난 과
오를 뉘우치는 것은 차치하고 국민의 여론을 무시하며 국가의 영욕을
돌아보지 아니하는 등 몰염무치의 행위는 갈수록 더욱 심함이라 이에
본 회의는 이미 결의한 대로 적극 진행하여서 우리 국가의 광복을 조속
히 실현하기로 기도하고 자玆에 이를 선언하여 내외에 주지케 하노라.

기원 4254년 5월   일

선언서에서 보듯이 박용만은 군사통일회의를 개최하면서 국권회복

을 위한 방략은 오직 무장투쟁임을 밝히고, 대미위임통치를 청원한 이 승만과 그를 묵인한 대한민국임시정부와 임시의정원을 모두 불승인하는 한편, 국민대표회의를 소집하여 한성정부의 정통성을 이어받은 대조선공화국 임시정부를 수립할 것을 천명하였다.

그런데 5월 12일 안창호 역시 상하이에서 국민대표회의를 제기하였고, 그에 따라 6월 중순 박용만과 안창호는 베이징에서 만나 국민대표회의 개최문제를 논의하였다. 이에 따라 국민대표회 주비회원으로 뽑힌 신숙은 상하이 천도교인과 긴밀한 협조 속에 활동하던 중, 8월경 자금문제로 난관에 봉착하자, 9월 대표를 보내지 않겠다 고 통지하였다. 이어 10월에는 상하이 임시정부에 다음과 같은 항의문을 보냈다.

① 우리 당은 대조선공화정부를 북경에 창설할 것.
② 우리 당은 대조선공화정부 창설 후 절대로 상해 임시정부를 인정하지 않기로 결의한다.
③ 우리 당은 상해 임시정부의 의견을 들은 후 조선국민에 선포할 것을 결의한나.

군사통일회외는 1921년 11월경 베이징에서 조선공화정부를 조직하였는데, 대통령에 이상룡, 국무총리 신숙, 외무총장 장건상, 학무총장 한진산, 내무총장 김대지, 재무총장 김갑, 군무총장 배달무, 교통총장 박용만이었다. 이들은 군사통일촉성회 발기인이거나 군사통일회의에 참여한 인물들로 구성되었으나, 결국 조선공화정부는 수립되지 못하

宣言書

本軍事統一會議는玆에一般國人의意思를代表하야中國
上海에서不正當不神聖하게組織된大韓民國臨時政府及
臨時議政院을一體로不承認하고且其過去及將來의諸般
施設을無效로認하며光元四千二百五十二年四月二十三
日內地國民大會에서發布된大朝鮮共和國臨時政府의系
統을承하야一新히組織하는事와此를組織하는는全國民意
에副하게爲하야國民代表會를召集하야國民外에宣言하
노라

惟컨대我獨立問題는軍事가아니면解決키未能이오軍事
運動는統一이되야야成功을難望코組織에依치아야軍事統一의
能大必要에鑑하야內外地各團體의聯合으로成立된本會

군사통일회의 선언서 1면

였다.

1921년 말, 박용만은 태평양회의를 즈음하여 포고문을 인쇄하여 북만주와 상하이에 발송하였는데, 그 내용은 세계 각국이 한국의 독립을 지원하고 일본의 반성을 촉구하는 한편, 한인들이 무장투쟁에 참여할 것을 권유하는 것이었다.

이와 함께 박용만은 1922년 4월 17일부터 5월 3일까지 베이징에서 안창호·이동휘·유동열·노백린 등과 함께 임시정부 변혁과 관련된 국민대회 개최에 관하여 협의하였다. 우여곡절 끝에 1923년 1월 상하이에서 국민대표회의가 개최되자, 군사통일회의에서는 신숙·박건병·김갑·강구우 등이 대표로 참석하였으나, 김갑을 제외하고는 모두 창조파로 활동하였다. 창조파란 사실상 임시정부를 해체하고 새로운 임시정부를 구성할 것을 주장하는 사람들이었다. 그런데 박용만의 경우는 국민대표회의에 적극적으로 참여하지 않았다. 그가 적극적으로 참여하지 않은 이유는 사실상 국민대표회의에서 완전한 최고기관을 조직할 가능성에 대해 기대하지 않았기 때문이기도 하지만, 군자금 부족과 한인사회주의 세력 간의 갈등으로 인해 독자적 노선을 걷기로 한 것으로 보인다.

흥화은행 설립과 독립군기지 개척

박용만이 사고의 변화를 보이기 시작하는 시점은 1922년경으로 보인다. 그는 1922년 봄부터 훈하(渾河) 유역에 땅을 빌려 벼농사를 짓기 시작한 것으로 보아 이때부터 둔전병제에 입각한 독립군기지 개척을 준비하면서 그에 대한 후원을 이끌어내기 위해 고심하고 있었다. 그러던 중, 1922년 4월 베이징에 강력한 영향을 미치던 우페이 푸吳佩孚 등의 직예파直隸派와 펑티엔성奉天省 군벌인 장쭤린張作霖 등의 펑티엔파 간의 이른바 '봉직전쟁奉直戰爭'이 일어날 조짐이 보이자, 박용만은 우페이푸를 만났다. 그는 우페이푸에게 병기와 군자금을 제공해 주면 동삼성東三省의 한인들을 무장시켜 펑티엔군을 배후에서 공격하여 장작림을 전멸시킬 것을 제안하였다. 이 제안은 우페이푸에게서 무기와 군자금을 후원받기 위한 계획이었으나, 성공하지는 못하였다.

이에 따라 둔전병제에 입각한 독립군기지를 마련하기 위하여 거액의 군자금이 필요하다고 판단한 박용만은 김복과 함께 1922년 11월 4일 북경흥화실업은행北京興華實業銀行을 창립하였다. 이날 은행 '개막' 기념식에는 김복을 비롯해 박용만 등 다수의 독립운동가들이 참석하였다. 그러나 둔전병제에 입각한 독립군기지 개척을 위해 은행 설립을 먼저 제안한 것은 김복(본명 김규흥)이었다. 김복은 신해혁명이 일어나기 3년 전인 1908년 3월 중국 광둥에 발을 디딘 후 신해혁명이 일어나자, 제1·2차 신해혁명에 참여하여 등 혁명정부 도독부 총참의 겸 육군소장까지 역임한 인물로서 중국 측 유력인사들과 친분이 두터웠다. 혁명 실패 후에는 박은식 등과 함께 홍콩으로 이주하여 한·중 합작으로 1913년 잡지『향강香江』을 창간하는 등 동제사와 밀접한 관련을 갖고 독립운동에 종사한 인물이다. 특히 1911년에 국민회에 편지를 보내 개간공사를 설립하고 자금을 모집하여 만주 또는 몽골에 정착하여 둔전병제도를 시행할 것을 제안하기도 하였다. 이러던 그가 은행 창립을 발기한 것은

| 북경 흥화실업은행 개막기념 사진. 상단에 1922년 11월 4일이라고 적혀 있다.

1919년 11월경이었다.

중한中韓 양국의 친선을 도모함에는 우선 실업 제휴에 있다는 주의 하에
서 우리 측에 김복·김무규·김남헌·이유필, 중국인 측에 왕정정·사원
함·진형명 등 제씨가 흥국실업은행(주식회사)을 발기하였는데 찬성인으
로는 김일강·손일선·장건·오정방·이열균·호한민·고일청 등 중한 양
국에 유력한 명사들이 후원하며 동 은행의 목적은 중국 흑룡강·길림·봉
천 등처等處의 농간農墾 사업을 진흥케 하기로 하여 자본금 총액을 은폐銀幣
200원으로 하고 제1회 수납금은 총액의 4분의 1로 하여 목하 주식을 공

모 중이라는데 이것이 우리나라 독립선언 후 중한합판사업中韓合辦事業의 효시라고

| 혁명정부 도독부 총참의 겸 육군소장을 역임한 김복 (김규흥)

위 내용을 보면 김복 등은 중국의 진형명陳炯明 등 신해혁명 유력인사들과 합작하여 흥국실업은행을 설립하기로 하였다. 목적은 그가 늘 주장하던 만주 일대에 둔전병제에 입각한 독립군기지를 개척이었다. 따라서 김복은 1919년 11월 주식회사 형태의 흥국실업

은행을 발기하고 자본금을 모집한 후 3년이 지난 1922년 11월 4일 명칭을 바꿔 흥화실업은행을 창립하였다. 흥국은행을 흥화은행으로 개명한 것은 독립운동 자금을 마련하기 위한 기관이란 사실이 점차 드러났기 때문이었다. 따라서 흥화실업은행은 처음에는 김복을 비롯한 신해혁명 유력인사들을 중심으로 한중합작으로 설립되었으며, 여기에 박용만이 군자금 모집을 위해 가세한 것으로 짐작된다.

박용만은 1922년 겨울, 흥화실업은행 총동사總董事였던 김복의 보증으로 흥화실업은행으로부터 2,500원의 융자를 받았다. 베이징 인근 석경산石景山에 농장을 경영하기 위한 명목이었다. 그러나 1923년 당시 지

난 해 차지료도 갚지 못해 중국인 지주로부터 고소를 당할 정도로 극심한 자금난에 빠졌다. 이에 따라 박용만은 김복에게 자금 모집을 독려하였고, 김복은 서간도에서 전덕원의 사자使者로 온 장세빈을 통하여 어느 정도 자금을 얻기는 하였으나, 예상액수에 크게 모자랐다.

이와 같은 어려움에도 불구하고 박용만은 1923년 초, 북만주와 서북 간도 동지와 연락하여 농장을 개설하고자 노력하였다. 그리하여 지아허蛟河에 학교를 설립하고 청년 30여 명을 수용하면서 링안시엔 링구타 부근에 농장을 건설하여 북만주지방의 독립군을 수용하려고 구상하였다. 그리고 5월경에는 황학수를 만주로 파견하여 군자금을 마련하게 하는 한편, 『익세보益世報』 사장 두주쉬엔杜竹軒의 소개로 지난濟南으로 가 산동성장山東省長 웅병기를 만났다. 웅병기는 우페이푸의 참모장을 지냈던 인물이었다. 박용만은 웅병기에게 동삼성에 있는 한인 장정 약 2만 명의 1/3은 병기를 갖고 있으니 직예 측에서 부족한 병기와 군자금 100만원을 제공해 주면 자신이 한인군대를 이끌고 펑티엔군의 배후를 공격하여 장작림 측을 전멸할 것이라고 제의하였다. 이에 대해 웅병기는 박용만의 견해에는 찬성하나 받아들일 수 없다고 하면서 사오쿤曹錕에게 약 20만 원의 군자금을 주라고 적은 소개장을 교부하였다. 베이징으로 돌아온 박용만은 5월 빠오딩保定으로 가서 차오쿤에게 사정을 진술하였으나, 조곤은 20만 원을 교부하는 것이 곤란하므로 약간의 금액을 후송할 터이니 일단 돌아가 기다리라고 설득하고는 수백 원의 돈을 지급하였다. 이처럼 자금 모집 계획이 거듭 실패하자, 박용만은 하와이에 도움을 요청하였다. 그리하여 6월 하와이동포로부터 400달러, 1923년 말에는 김거근·이상호·강영효 등 독립단원들이 갹출하여 600여 달러를 송금하였으나, 이 역시 턱없이 모자란 금액이었다.

그러던 중, 1923년 말 창조파 국민위원회로부터 블라디보스토크에서 개최되는 국민위원회에 참석해 달라는 요청을 받은 박용만은 이듬해인 1924년 1월 15일 블라디보스토크로 갔다. 이 국민위원회에서 박용만은 비서장에 임명되었으나, 국민위원회가 파벌싸움으로 대립하는 광경을 보고 환멸을 느꼈다. 또한 러일조약 체결을 염두에 둔 러시아정부가 한인독립운동가의 국외추방정책을 추진하자, 박용만은 러시아정부에 다시 한 번 배신감을 느끼고 베이징으로 돌아왔다.

1924년 8월 당시에도 박용만은 권상수·권성근·박학래 등과 함께 석경산 농장을 경영하는 한편, 베이징의 족숙 박건병과 김복·김강, 하와이 대조선국민군단 출신의 박영선 등과 교류하면서 군자금 모집과 함께 기지 건설에 대한 출구를 모색하고 있었다. 그리하여 1925년 봄, 박용만은 장지아커우張家口 부근에서 안창호·문창범과 만났다. 그는 다년간 무장투쟁을 전개하려 했지만 아무런 효과도 보지 못했으므로 경제적 안정과 영주토착지 마련을 위해 저축회사 설립을 제안하였다. 필요 자금은 자신은 20만 엔, 문창범은 30만 엔, 안창호는 10만 엔으로 분담하였다.

안창호·문창범과의 만남 이후 그는 독립군기지 개척자금을 마련하기 위해 하와이를 방문하였다. 명목은 그 즈음 호놀룰루에서 개최되는 제1차 태평양회의 참석이었다. 이때 박용만은 '한상량'이란 가명으로 중국여권을 가지고 있던 것이 문제가 되어 이민국에서 상륙을 불허하였다. 이에 대조선독립단은 워싱턴에 있는 미국 노동부로 전보를 부쳐 3개월간 상륙허가를 내줄 것을 요구하였고, 노동부에서 이에 동의함으로써 상륙할 수 있게 되었다.

1925년 7월 8일 박용만이 호놀룰루에 도착하자, 대조선독립단에서는 6년 만에 귀향하는 독립단 영수領袖 박용만을 대대적으로 환영하였다. 7월 11일에는 독립단 주최로 서재필과 박용만의 환영만찬회가, 12일에는 환영연설회가 개최되었는데 500여 명의 청중이 참석하여 대성황을 이루었다. 이때 박용만은 아래와 같은 자신의 계획을 발표하여 대조선독립단을 비롯한 하와이 한인들에게 재정 지원을 촉구하였다.

① 중국령에 대본공사大本公司를 설립하되, 자본금을 제1차에 2만 달러로 정하고, 국민군단의 여재금餘在金을 그 사업에 사용할 것이며, 그로부터 일반 단원이 형세대로 얼마씩 출자하여 합자회사를 만들 것

② 대본공사는 중국령에 미간지를 매득하고, 개척사업을 하여서 원동遠東 군사운동의 근거지를 만들며 그 운동의 자금을 담당할 것

③ 독립운동에 관한 일은 원동에 일임하고, 히외이에시는 신문 출판과 아동 교육에 노력하며 상조계를 조직하여 단원간의 환난을 상구하는 데 힘쓸 것

하와이에 약 1년간 머무르며 군자금 모집과 독립단 조직 강화와 주력했던 박용만은 12월 초 하와이지구 주둔군사령부에 17매에 이르는 「레포트 No. 1」을 제출하였다. 레포트의 제목은 「일본과 러시아에 의

하여 중국 영토에서 준비되고 있는 또 하나의 세계대전」으로, 「러시아
의 중국정책」, 「중국에서의 일본의 활동」, 「중국의 현황」 등에 관해 분
석하고 있다. 먼저 박용만은 「러시아의 중국정책」에서 러시아의 남하정
책은 계속되어 만주 점령을 준비하고 있으므로 볼셰비즘을 막을 국가는
미국 밖에 없다고 논하였으며, 「중국에서의 일본의 활동」은 일본과 소
련이 미국과 영국에 대항하는 의미로 동맹관계를 맺을 생각이고, 일본
은 장작림을 지지하여 만주를 점령하려 하며, 한반도 한인을 만주로 내
쫓기 위해 비밀리에 진해만을 요새화하고 있는데, 박용만 자신이 그 비
밀을 몇 번이나 탐지하려고 하였으나 자금 부족으로 이루지 못했다고
하고 있다. 마지막으로 「중국의 현황」에서는 중국을 파괴의 길로 몰고
가는 3대 인물은 쑨원·장쭤린·펑위샹을 꼽으면서 그중 펑위샹을 가장
매도하였다. 이어 박용만은 우페이푸야 말로 중국의 희망이라고 추켜올
리면서 그가 추천하는 영수라고 하고 있다. 이 글에 따르면 박용만은 미
국당국을 설득하여 우페이푸吳佩孚를 원조케 하고 우페이푸가 세력을 얻
으면 장쭤린張作霖을 협공하여 궁극적으로는 만주지방에 또 하나의 조선
국을 건설하겠다는 것이었다.

만주의 군벌을 제거할 수 있는 유일의 가능성은 만주에 살고 있는 중국
에 귀화한 2백만 한인의 손에 달려 있습니다. 저들은 한국독립군으로나
한인으로 거사하는 것이 아니라 중국시민으로서 그리고 직예파와 동맹
관계를 맺은 세력으로서 거사하려는 것입니다. 이 목적을 위하여 직예
파와 한인지도자들 간에는 이미 양해가 되어 있습니다. 작년 비밀조약

이 맺어졌으며 조만간 실행 예정입니다. 이 의무를 어깨에 걸머지고 한 인지도자들은 장차 다가올 일에 분주하게 준비 중에 있습니다. 오패부가 예전 권력을 회복한다면 한인은 저들의 약속을 이행할 기회를 가지겠고 저들의 책임을 완성할 것입니다.

이러한 계획을 갖고 1926년 4월 20일 워싱턴의 미 국무부나 육군부 의 고위인사를 만나려 했던 박용만은 미국 측의 거절로 이 계획 또한 실 패로 돌아가고 말았다.

1926년 6월 26일 베이징행 여객선을 타고 중국으로 돌아온 박용만 은 하와이에서 모금한 만여 달러를 자금으로 베이징 부근의 땅을 구매 하여 대륙농간공사大陸農墾公司를 설립하고 용딩허永定河 부근에서 수전水田 을 경영하였다. 또한 베이징의 숭무문崇武門 밖에서 소규모의 정미소를 설립하여 부근 수전에서 나오는 벼를 사들여 수만 석의 정미를 만들기 도 하였으나 뜻처럼 성공하지는 못하였던 것 같다.

1927년 6월 박용만은 3편의 논문이 실린 책을 석판인쇄로 출판하였 다. 이 세 편의 글은 모두 만주가 조선의 옛 강토였음을 주장한 것으로 서, 박용만이 만주에 또 하나의 조선국을 건설하고자 했던 그의 의도를 엿보게 하는 것이다.

한편, 대조선독립단은 박용만이 베이징으로 돌아간 이후에도 지속적 으로 재정적 지원을 하고 있었다. 특히 독립단 단장 이복기는 박용만의 사업을 돕기 위해 1928년 4월 27일 베이징으로 떠났다가 7월 19일 귀 환하였는데, 그는 베이징에서 대륙농간공사 사업을 직접 시찰하였다.

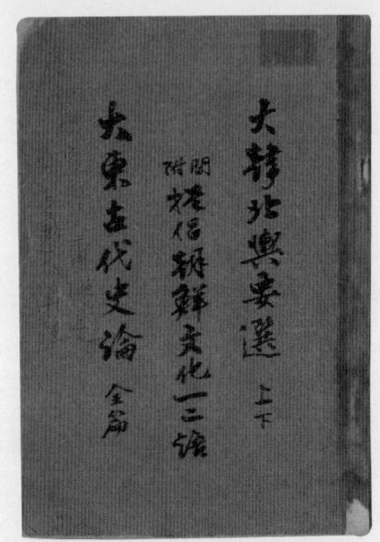

| 박용만이 편찬한 대한북여요선, 대동고대사론

| 박용만 피살지

그러던 중, 1928년 10월 독립단의 영수 박용만의 피살 소식을 전해들은 독립단에서는 충격을 받고 피살에 대한 진상을 조사하기 위하여 이상호를 베이징으로 급파하였다.

밀입국과 의문의 죽음 1928년 10월 17일 박용만은 의열단원으로 알려진 이해명李海鳴이 쏜 총알을 맞고 절명하였다. 그가 피살당한 근본적인 이유는 국내 밀입국설과 조선총독 밀회설 때문이었다. 박용만은 두 번이나 처자식을 만나기 위해 국내에 밀입국하였다고 한다. 그가 처자식을 만나기 위해 밀입국한 것은 1921년 9월 이전이었다.

한국에 들어가서 왜총독을 꾀어서 돈을 취하여 가지고 왔다는 것은 박씨가 부인을 만나기 위하여 조선에 두 번이나 갔었다. 자기와 동창생 한 사람이 일찍이 수군水軍장관으로 시무하다가 북경공사관에 요직으로 있는데 그 친구와 의논하고 미 함대가 종종 조선바다를 순행하는데 우리가 수군장관 복장을 입고 갔다 오기로 약속이 되어 있었다. 그리하여 군함이 가는 때를 다시 같이 조선 철원군에 자기 집으로 찾아기니 부인은 꿈인가 생신가 하고 붙들고 우는 것을 안무하고 아무 날 아무 시에 내가 다시 올 터이니 그때에 다 예비하고 기다리면 내가 그때에 다시 와서 대동하고 갈 터이니 그리 알고 있으라 하고 있다가 다시 순양함에 갈 때에 들어가서 부인을 모시고 나왔다.

정두옥의『재미한족독립운동실기』에 나오는 위 내용을 보면, 박용만은 처자를 만나기 위해 2번이나 국내로 들어가 처자를 국외로 탈출시킨 것으로 되어 있다. 그런데 박용만이 국내에 들어간 것은 다름 아닌 미국 군함을 이용한 것인데, 이 같은 경우는 1919년 하와이에서 도항할 때 미군의 도움으로 운송함을 타고 블라디보스토크로 건너온 것으로 보아 어느 정도 신빙성이 있을 것이다. 다만, 여기서 그가 가족을 데리고 베이징으로 온 시점을 1921년 9월 이전으로 보는 이유는 그의 결혼 때문이다. 일제정보보고서에 의하면 박용만은 1921년 9월 21일 베이징에서 베이징정부 재정부 관리인 중국인 장모張某의 딸과 혼인하였는데, 이 결혼식에는 신채호 외 8~9명의 독립운동가와 중국인 다수가 초대되었다고 하면서 모친 김씨(70세), 처 김씨(42세), 장녀 박동옥(15살)의 가족이 있을 것이나 사는 주소는 알지 못한다고 보고하고 있다. 그러나 여기서 주소를 파악하지 못하고 있는 것은 국내가 아닌, 해외 어딘가에 살고 있을 가족들의 주소를 말하는 것이다. 때문에 박용만은 1921년 9월 중국여인과 결혼할 당시, 이미 가족을 탈출시켜 국외로 이주시킨 것 같다. 따라서 박용만의 첫 번째 국내 밀입국은 1921년 9월 이전이 될 것이다. 이 시기의 밀입국 문제에 대해서는 그 당시 독립운동계에서 크게 문제삼은 것 같지는 않다.

박용만을 죽음에 이르게 한 두 번째 밀입국은 1924년 1월이었다. 1923년 말, 창조파 국민위원회로부터 블라디보스토크에서 개최되는 회의에 '최고간부로 취임'해 달라는 요청을 받은 박용만은 얼음이 얼기 전 러시아 배편으로 블라디보스토크로 가기 위해 베이징 주재 러시아공사관 카라한으로부터 '우성于醒'이라는 중국인 이름으로 입국허가증을 발급받았다. 그리고 12월 5일 이전 러시아 국경을 통과할 계획을 준비하고 있었다. 그러던 시점에 박용만은 베이징영사관 촉탁 통역관 기토 가츠미木藤克己와 만났다.

박(용만)은 남만주를 경유하는 여행을 위험시하여 출발을 주저하고 있었는데, 그 후 몰래 기토木藤 통역관과 회견하고 동관同官을 통하여 상해·나카사키長崎를 경유, 경성京城에 미행微行하여 총독부의 양해를 얻어 블라디보스토크(포조浦潮)로 건너가 장래 점차 일본에 친근할 수 있도록 하는 희망을 총독부에 신고하여 그 결과로 조선총독부의 승인을 얻어 기토 통역관과 동도(베이징) 12월 20일 아침 북경발 상해로 향하였다.

기토는 1923년 8월, 박용만이 중국경찰에 억류되었을 당시, 조선총독의 명으로 그를 한국으로 송치하려 했던 인물이다. 따라서 기토는 어떤 목적에서든 박용만을 설득하여 한국으로 보내려 했을 것이다. 여하튼 박용만은 기토를 만나 하얼빈총영사 등 일본 당국의 도움을 받은 것으로 보인다. 하얼빈총영사의 보고와 『연경야화』에 따른 박용만의 행적은 다음과 같다.

• 1923년 12월 20일 : 베이징 출발, 상하이-나가사키長崎-서울 경유
• 1924년 1월 12일 : 하얼빈 도착
• 1924년 1월 15일 : 기차로 하얼빈을 출발하여 포그라니치나야로

향함

- 1924년 1월 21일 : 그로데코프를 출발하여 블라디보스토크에 도착
- 1924년 2월 18일 : 블라디보스토크를 출발하여 오후 7시 하얼빈으로 돌아옴 (러시아인이 경영하는 호텔에 묵으면서 타인과 접촉을 피함)
- 1924년 2월 20일 : 오후 9시 남행열차편으로 베이징으로 출발

그런데 1924년 4월 16일 조선총독부 경무국장이 외무성에 보낸 문건 중 「유력 조선인의 수기」라는 부제副題의 『연경야화燕京夜話』에 관해 언급하고 있다. 이 책자는 제목 옆에 펜글씨로 '필자는 금년 1월 조선총독부의 양해를 얻어 하얼빈을 경유하여 블라디보스토크에 왕래한 재在베이징 조선인'이라고 써놓은 것으로 보아 박용만으로 추정하고 있다. 이 『연경야화』에 의하면 박용만이 하얼빈에 도착한 것은 1월 12일이었고, 다음날인 13일 블라디보스토크로 전보를 보내 국민위원회에 블라디보스토크로 갈 것을 통고하였다. 그런데 국민위원회에서는 14일 전보를 보내 포그라니치나야로 가서 공산당 대표 기세르리요노프와 회견할 것을 요청하여 1월 15일 하얼빈을 출발하여 포그라니치나야로 향하였다. 포그라니치나야 도착후 박용만이 기세르리요노프를 방문하자, 기세르리요노프는 비서에게 명하여 비밀리 국경을 넘도록 야간특별열차를 준비하여 그로데코프로 편안히 도착할 수 있도록 배려하였다. 그로데코프 도착 후 블라디보스토크행 열차편을 기다리기 위해 며칠을 체류한 그는 그 사이 그 곳 지방민단장, 학교 주임, 독립군 수뇌 등의 방문을 받고 러시아 한인사회의 동정을 파악하였다. 1월 21일 박용만이 블라디보스토

크에 도착하자, 국민위원회는 물론 국제공산당 고려부 주임까지도 마중을 나왔다. 도착 당일 박용만은 국민위원회로부터 국제공산당이 국민위원회를 조선혁명당의 중앙기관으로 인정하고, 농토·금광·삼림·어장의 한 구역을 마련해 줄 것이며, 사관학교 설립하여 군인을 양성하고 군수와 무기 등을 교부하여 군대를 편성하도록 허락해 주었다는 이야기를 전해들었다.

3일 후 국제공산당 고려부 주임과 한명세韓明世가 박용만을 방문하였다. 그러나 앞서 국민위원회로부터 들은 내용과 이들의 주장에는 차이가 있었다. 즉 국제공산당 고려부 등은 박용만에게 먼저 공산주의제도를 확립할 것을 요구하였고, 이에 대해 박용만은 먼저 광복사업이 성사된 후에 국가정체문제를 재론하자고 하였다. 양측의 팽팽한 주장 끝에 회담이 결렬되자, 박용만은 중국으로 돌아간다고 선언하였고 2월 17일 블라디보스토크를 출발하여 다음 날 18일 하얼빈을 거쳐 베이징으로 돌아왔다.

한편, 『연경야화』는 크게 연해주 왕복에 대한 자신의 행적과 러시아의 적화 방지에 대해 언급하고 있다. 특히 박용만은 러시아의 사회주의 선전에 대하여 적화赤禍 방지의 대책으로 "일본은 차라리 조선인민을 지휘하고 출동하여 러시아 정벌의 임무를 저서 시베리아의 동부를 숙청하는 것이 제일의 양책良策"이라고 건의하고 있다. 즉 그는 적화를 방지할 책임은 일본과 중국에 있으나, 현재 중국은 내홍외환內訌外患으로 그 책임을 다할 능력이 없으므로, 일본만이 그 책임을 다할 수 있다고 하였다. 그러나 일본은 이미 시베리아 출병에 실패하였고, 국내외 상황으로 대부대를 출병시키기 어려우니 그 대안으로 앞서 언급한 한인부대를 출동시켜 시베리아를 점령하도록 하는 대안을 제시한 것이다.

그리고 1924년 말경 박용만은 중국군벌 펑위샹馮玉祥의 사절단 일원으로 한 번 더 서울을 방문한 것 같다. 『우성유전』에 의하면, 박용만은 풍옥상이 득세하자, 그의 세력기반이자 일본군 세력이 미치지 못하는 내몽골에서 한인에 의한 둔전병 양성을 제안하였다. 펑위샹은 박용만의 제안에 매료되어 3인의 밀사를 일본관동군과 조선총독부에 파견하였는데, 내몽골에 둔전을 개척하는 것은 러시아 공산주의의 남하를 막기 위해 필요하다는 사실을 일본에 설득하기 위한 목적이었다. 이에 따라 박용만은 중국인으로 변장하여 밀사 3인 중 한 사람으로 조선에 밀입국하였다고 한다.

위 두 내용을 보면 박용만은 러시아의 남하를 막기 위해서 일본세력을 이용하고자 하는 거대하고도 담대한, 아니 매우 무모한 계획을 세운 것 같다. 앞에서 살폈듯이, 박용만은 1919년 이후 줄곧 중국 또는 러시아와 연합하여 일본을 몰아내고 새로운 조선을 건설하고자 하였다. 그러나 러시아는 근본적으로 사회주의 선전과 확대에 한인세력을 이용하였고, 1921년 '자유시참변'으로 수많은 독립군이 학살되는 것을 보고 박용만은 충격을 받았을 것이다. 그렇다고 러시아를 몰아내기 위해 한평생 물리쳐야 할 적으로 생각했던 일본과 손잡자고 한 것은 단순한 적개심에 의한 것일까. 국내 밀입국 후 이듬해인 1925년 7월 하와이를 방문한 그가 대조선독립단 단강을 설파한 내용을 보면 그의 이상이 변하지 않았음을 알 수 있다.

대조선독립단 단강團綱

1. 오인吾人은 오천 년의 오랜 역사를 가진 조국을 사랑함과 동시에 금일의 현상에 대하여 통한痛恨하여 마지않는다. 고로 광복사업을 일생一生이 아닌 영원한 목적으로 하고 소위 내정자치內政自治와 위임통치와 같은 완전하지 않은 주권은 단연코 그것을 희망하여서는 안 된다. 오인이 주장하는 바는 완전한 독립을 회복함에 있고, 그것을 위해서는 군사행동을 감행하는 것을 사양하지 않는다.

2. 오인은 우리 조선의 영토와 인구가 일국一國으로 하여금 독립주권을 영구히 보전하기에 곤란함을 알고 있으므로 우리 민족을 종조宗祖의 영토인 만주·시베리아·몽골 등 각지에 번식시켜 근거를 갖게 하고, 세력을 확장하여 반도 독립을 위하여 직간접으로 운동을 하게 하고 점차 서로 조선민족과 국가의 견실을 기하여 만대萬代에 쇠퇴하지 않는 독립국을 건설하게 하려는 것이다.

3. 오인은 현재와 같이 가냘프고 약한 민족이 생존하는 까닭을 탐구함에 국가주의와 민족주의가 기초가 됨을 확신한다. 이에 오인은 양 극단의 제국주의와 공산주의 등에 대해서는 절대 반대하는 것이다.

4. 오인은 정치적 혁명에 성공한 후에는 경제적 혁명에 착수하고 전 영토를 인구에 비례하여 분산제도分散制度를 실행하기로 한다.

5. 오인은 조선민족이 영구히 독립성을 양성하는 바로써 인생의 노력과 시간과 금전을 낭비하게 하는 것과 같은 일이 없도록 하게 하기 위하여 국문개혁을 주장하고, 오인의 국문자모음을 속히 영

문英文 또는 불문佛文과 같은 모양으로 가로쓰기로 개선하고, 또한 국세國勢를 연구하여 점차 제대로 온전한 조선문화를 건설하기로 한다.

6. 오인은 인류의 성쇠흥망이 현일懸一하게 '힘[力]'에 있는 것이라면 바로 그것을 우리의 주의표방에 이용하고 각인은 각개로 힘을 양성하고 주의정신적 교육을 전 국민에 보급하고 장래 오인은 강대한 민족이 되는 것을 규약하기로 한다.

7. 오인은 먼저 우리 단원으로써 각각 유력한 국민이 되게 하고 장래 오인이 목적하는 3개 혁명운동을 조성하는 자재資財인 다음의 7가지 취지를 염두에 두도록 한다. ……

이처럼 박용만은 광복사업을 일생이 아닌 영원한 사명으로 삼고 있었으며, 독립 또한 내정자치나 위임통치가 아닌 무장투쟁을 통한 완전한 독립을 꿈꾸었다. 그리고 무장독립투쟁을 하기 위해서 만주·시베리아·몽골 등 형편이 닿는 곳에 한인을 이주시켜 독립운동의 근거지를 마련하고자 하였던 것이다. 적어도 1926년까지의 그의 사고였다. 그리고 사망 직전에도 박용만은 이러한 꿈의 실현을 목전에 두고 있었다. 박용만 피살 후 베이징에 있던 김홍범은 11월 23일 정두옥鄭斗玉에게 편지를 보내 다음과 같이 말하였다.

"박(용만) 선생께서 하와이를 가시기 전에 조선을 다녀온 일이 있었는데, 이것을 가지고 사회에서 평론이 좀 있었던 바로, 저 음흉한 왜놈은 이것을 이용하여 가지고 선전을 하는 바 박(용만) 씨가 조선을 들어가서 조선총독을 방문하였느니 하는 풍와주사를 일삼다가 그때에 중국국민군이 들어오자 박(용만) 씨가 분망하여 주야로 불문망식하며 주선하던 결과 조선청년자제 몇 백 명을 우선 훈련장에 내세우고 훈련을 시키기로 밖으로 주선이 다 되고 다만 안으로 염석산(閻錫山)의 인허만 얻으면 다 되겠는데 그 일을 성의로 도와주는 국민군 군장 여장들이 박(용만) 씨를 권하여 청원서만 작성하여 드리면 우리들이 허가받도록 힘쓸 터인즉 청원서만 드리라고 재촉하였다. 그리하여서 박(용만) 씨가 청원서를 완료하여 놓고 1~2일 후면 드릴 터인데 이런 괴변이 났습니다."

즉 박용만은 1928년 중국국민군이 베이징에 입성하자, 중국국민군과 협의하여 사관양성에 필요한 땅을 확보하여 염석산의 인허를 얻기 위해 청원서를 작성해 놓았다가 피살로 인해 끝내 이루지 못한 것이다. 그렇다면 1924년 그가 밀입국한 이유는 무엇일까. 독립운동가 박용철은 박용만의 조선총독 밀담설에 대해 다음과 같이 증언하고 있다.

"어찌보면 (박용만은-필자) 현실론자랄까 …… 여하튼 이승만 박사의 외교-청원방법도 구두선(口頭禪) 독립투쟁에 불과하다는 식이었고, 또 임정(臨政)도 현실적으로 다스릴 땅도 백성도 없으면서 감투싸움이나 한다고 외면한 것이지요. 그저 러시아혁명 후 시베리아의 공산군을 몰아내자는 명분으로 구 러시아귀족세력과 반공체제를 구성, 무기는 일본이 대도록 하여, 이렇게 확보한 무기·물자로 일제와 대결한다는 전략이었는데

…… 절대로 체포 않겠다는 약속 아래 우가키宇垣 총독을 만나고 왔을 때
는 이미 간악한 일제의 전략에 걸려들은 것이지요. 우리 손으로 죽일 것
있느냐, 국제 신의도 있고 하니 놓아 보내면 저희들 (독립운동자)끼리 죽
일 텐데 하고 ……

그와 노선이 다른 독립운동자들이 가만있나요? 성토하고 야단났었
지요. 집안사람이라고 잘못을 감추자는 것이 아니라 공功은 공, 과過는
과 아닙니까? 여기 당시 국민위원회 박용만사건 사변查辦위원장 신숙申肅
선생님이 낙관落款한 증언도 있습니다만, 어찌 조그만 실수로 그토록 그
분을 헐뜯을 수 있다는 말씀입니까?"

박용철의 증언대로 박용만의 밀입국이나 조선총독 면담설 등은 결코
작은 일은 아니었다. 다만, 그의 의도가 러시아와 일본의 관계를 이용하
여 일본이 제공한 무기를 확보하여 무장투쟁을 일으키려는 것이었으나,
독립운동계를 분열시키려는 일본의 계략에 말려 사망하게 되었다는 것
이다. 그럼에도 박용만의 밀입국 의도가 명쾌하게 풀리지는 않는다. 만
일 그가 변절했다면, 일본 측에서는 독립운동계에 타격을 주기 위해서
라도 대대적으로 선전하는 것이 좋았을까, 아니면 그를 밀정으로 활용
하는 것이 나았을까. 여하튼 이해명의 군자금 모집과정에서 빚어진 우
발적인 살인은 한국독립운동계에 너무도 큰 손실을 끼쳤다.

1881년   7월 2일(음력 윤달) 강원도 철원군 철원읍 중리 109번지에서
        부친 윤선병과 모친 김씨의 장남으로 태어남. 본관은 밀성密
        城, 호는 우성又醒이며, 이명은 용필.

1893년   관립 일어학교에서 수학.

1895년   숙부 박희병을 따라 일본으로 유학. 중학 졸업 후 게이오의숙
        慶應義塾에서 2년간 정치학을 공부하였다고 함. 이때 숙부의 소
        개로 박영효 등과 교분을 맺고 활빈당에 가입.

1901년   3월 귀국 후 안국선·오인영 등과 함께 '활빈당 사건'으로 투
        옥. 숙부와 선교사들 도움으로 수개월 만에 석방(제1차 옥
        살이).
        출옥 후 상동청년회에서 활동하며 전도 활동.

1903년   9월 상동청년회 다정국장多情局長으로 선임.

1904년   9월 상청청년회 통신국장으로 선임.
        황무지개척권 반대투쟁에 참여한 것을 계기로 제2차 옥살이.
        옥중에서 이승만·정순만을 만나 결의형제를 맺음('삼만'의 유
        래).
        출옥 후 평안남도 순천의 사립 시무학교에서 국어·일어·산

술·중국고전 등을 가르침.

1905년   2월 미국 샌프란시스코에 도착. 도미 당시 이승만의 아들 태
선泰山과 정순만의 아들 양필良弼(본명 충모忠模)을 데리고 감.
9월 샌프란시스코에서 열린 미국 북감리교 연회에서 한인전
도사로 임명. 박희병과 함께 네브래스카 주로 출발하여 커니
시에 정착.

1906년   여름 콜로라도 주 덴버로 이주. 노동주선소와 여관을 경영하
며 한인들의 취직과 숙소 제공. 유학생회를 조직하여 청년유
학생 규합.

1907년   6월 10일 숙부 박희병 덴버에서 위암으로 사망. 콜로라도예
비학교에 입학.

1908년   1월 1일 덴버 한인유지들과 애국동지대표회 개최 결의.
5월 박처후·임동식·정한경 등과 애국동지대표회 준비사항
점검 및 한인군사학교 설립 논의.
7월 11~14일 4일간 덴버 그레이스 감리교회에서 애국동지
대표회 개최.
애국동지대표회 개최 후 노동주선소 겸 여관을 윤병구에게
위탁하고 링컨으로 떠남.
9월 15일 네브래스카주립대학 입학.
겨울 박처후·임동식을 다시 만나 한인군사학교 설립 논의.
박처후·임동식은 군사학교 부지 및 숙소, 그리고 군용총 마
련. 박용만과 정한경은 주정부와 커니지방청과 교섭하여 인

가 획득.

1909년 6월 초순, 해외 최초의 한인군사학교인 한인소년병학교 창립.

1910년 4월 1일 헤이스팅스대학 구내로 한인소년병학교 이전.

6월 한인소년병학교 개교. 2개월간 소년병학교 재정 모금차 캘리포니아 주 순회. 이때 신한민보사 사장 최정익과 만나 신한민보 주필직 수락.

8월 25일 헤이스팅스로 돌아옴. 소년병학교는 6년간 운영되다가 일제의 항의와 인력 및 재정 부족 등으로 1914년 8월 8일 졸업생 배출 후 사실상 폐교.

1911년 1월 신한민보 주필 취임 선언.

2월 26일 샌프란시스코 안착 후 대한인국민회 기관지 『신한민보』 주필로서 국민회 중앙총회 설립과 임시정부수립론(무형국가론)을 주창.

3월 중국 광둥의 김복(본명 김규흥)이 국민회로 서신을 보내 개간공사(開墾公司) 설립 후 만주 등지에 토지를 매입하여 둔전병제에 입각한 황무지 개간 제안.

4월 『국민개병설』 간행.

6월 8일 샌프란시스코를 떠남. 주필업무는 후임자 취임 때까지 맡기로 하고, 편집사무는 강번을 초빙.

7월 『군인수지』 간행.

8월 대한인국민회 중앙총회 발족.

9월 초 대한인국민회 헌장 초안을 작성하여 중앙총회에 방문·제출하고 주필 사임.

주필 사임 후 멕시코한인의 하와이 이주문제를 해결하기 위해 워싱턴으로 출발.

1912년 1월 뉴욕을 거쳐 워싱턴에 도착. 미국 상공부장관과 멕시코한인의 하와이 이주문제를 논의, 실패.

8월 9일 네브래스카주립대학 정치학과 졸업.

10월 손정도에게 서신을 보내 '만주식민책'에 관해 논의하면서 만주 일대 적당한 장소 물색을 요청하고 1915년 귀국의사를 밝힘.

11월 8일 대한인국민회 중앙총회 제1회 대표원의회에 참석하여 외교원이자 헌장 수정위원으로 선출됨. 이때 하와이지방총회 대표 박상하로부터 『신한국보』 주필로 초빙.

11월 30일 박상하와 샌프란시스코를 출발하여 12월 6일 호놀룰루 도착.

1913년 1월 27일 대한인국민회 하와이지방총회 자치규정 발표하여 국민의무금 제도 확립.

5월 하와이 주정부로부터 법인 인가를 얻고 특별경찰권을 허락받음. 이후 하와이 각 섬에 국민회 경찰부장을 두고 자치정부로 기능.

8월 신한국보를 국민보로 개칭.

1914년 6월 10일 오아후섬 카훌루Kahuluu에서 대조선국민군단大朝鮮國民

軍團과 대조선국민군단사관학교大朝鮮國民軍團士官學校 창립.

8월 29일 병영 낙성식 거행. 이승만의 모략과 일제 측의 압력으로 1917년 폐쇄.

1915년 1월 하와이지방총회 재정남용사건을 계기로 이승만과 국민회(박용만 계열)간에 분쟁이 발생하여 이승만이 하와이 국민회 장악.

2월 5일 대한인국민회 중앙총회 부회장에 당선(총회장은 안창호).

6월 11일 중앙총회 부회장 취임식 참석차 샌프란시스코 도착.

8월 중순 하와이로 귀환.

1916년 2월 중국 안둥현의 지우에게 서신을 보내 간도 인민을 개도開導하기 위해 3개 위원 파견계획과 국내·상하이·서북간도 기관이 일제에 발각되지 않도록 부탁.

5월 국민회에서 하와이에 중앙총회를 설립하고 상하이를 활동근거지로 삼은 후 중국과 교섭을 통해 독립전쟁을 준비할 것을 거론함.

10월 펑티엔성 류허현의 양기덕이 빅용민에게 '시급 긴요'헌 일로 미국·하와이에서 상하이·서북간도·러시아 등지에 윤회통신을 발송하여 하와이와 상하이의 김규식 처소를 최종 거점으로 할 것을 당부.

1917년 일제는 박용만이 상하이에 거주하면서 양기탁·박은식·신규식 등과 대동보국단을 조직했다는 설이 있음을 보고.

7월 14일 상하이에서 「대동단결선언」 발표. 박용만 등 14인 발기인으로 서명.

10월 29~31일 뉴욕 맥알핀호텔에서 개최된 제1차 소약속국 동맹회에 한국대표로 참석.

1918년　1월 15일 이승만의 재정남용사건 발생. 이 사건 진행 도중, 이승만은 박용만의 국민군단이 일본의 이즈모함出雲號이 호놀룰루에 도착하면 파괴하려 한다고 발언.

3월 19일 「시국소감」이란 글을 발표하여 이승만의 죄상罪狀 공박.

7월 1일 박용만 지지세력을 모아 '하와이국민회 임시중앙연합회' 결성. 일명 '갈리히연합회'로 일컬어짐.

11월 28일 연합회 기관지 『태평양시사』 창간.

1919년　3월 3일 하와이 호놀룰루에서 대조선독립단 하와이지부 조직, 30일 선포식 거행.

4월 13일 상해 임시정부의 외무총장에 추대.

5월 17일 호놀룰루를 출발하여 7월경 블라디보스토크 도착. 블라디보스토크 도착 후 한상량韓相良으로 변명變名. 미국 시베리아원정군 사령부를 방문하여 정보 제공.

8월 말 조성환 등과 대한국민군을 조직하고 총참모에 취임.

9월 통합된 대한민국임시정부 외무총장으로 피선되었으나 취임하지 않고 이동휘 등을 만나 국민군 확대 조직 방안

강구.

11월 김복 등과 중국 진형명陳炯明 등이 한중합작으로 흥국실
업은행 발기.

1920년 봄 대동단 총부 무정부장武政部長으로 임명.

3월 39일 상하이에 도착하여 4월 3일 만찬회에서 안창호에
게 외무총장직 사의 표명. 4월 19일 임시정부에서 박용만을
의원면직시킴.

4월 중순, 베이징에서 문창범과 군사단체 통일과 항일무장투
쟁 방안 협의하고 5월 신채호·유동열·김영학 등과 함께 포
그라니치나야로 이동하여 국민군 조직 활동.

7월 극동공화국 전권위원 유린과 회합.

연말에 치타에 설치된 중로연합선전부中露聯合宣傳部 부부장으로
임명.

12월 초, 특사 한알렉산드르와 김하석을 니콜스크로 파견.

1921년 초, 이동휘·문창범·조성환 등을 만나 만주독립군총사령부
설치 계획 논의.

4월 17일 베이징에서 신채호·신숙 등과 군사통일회의 개최
(10개 단체, 17명 참석). 이 회의에서 군사단체 통일과 군사상
총기관 설립 결의. 이외에도 임시정부 불신임과 이승만의 대
미위임통치청원사건을 비판하는 한편, 새로운 대조선공화국
임시정부 수립을 천명.

1921년 9월 21일 중국 베이징에서 중국여인 웅씨熊氏와 결혼.

11월 베이징에서 조선공화정부를 조직하고 교통총장에 추대되었으나, 수립되지 못함.

1922년　봄, 훈허琿河 유역에 땅을 빌려 벼농사 시작.

4월 17일부터 5월 3일까지 안창호·이동휘·유동열·노백린 등과 국민대회 개최 협의.

4월경 중국 군벌 우페이푸를 만났다 함.

11월 4일 북경흥화실업은행 창립. 개막기념식에는 김복과 박용만을 비롯하여 다수의 독립운동가 등이 참석.

1923년　5월 황학수를 만주로 파견하여 군자금 모집. 우페이푸의 참모장을 역임한 중국인 웅병기와 차오쿤, 하와이 대조선독립단으로부터 군자금 모집 활동.

1924년　1월 블라디보스토크 국민위원회 참석 요청을 계기로 국내로 밀입국.

1925년　봄, 장지아커우에서 안창호·문창범과 더불어 저축회사 설립 협의.

7월 8일 재정 마련을 위해 호놀룰루 도착. 하와이주둔군사령부에 리포트를 제출. 내용은 미국이 우페이푸를 원조하여 장작림을 몰아내고 만주에 또 하나의 새로운 조선국을 건설하자는 것임.

1926년　6월 중국 베이징으로 귀환. 하와이에서 모금한 만여 달러로 대륙농간공사大陸農墾公司를 설립하고 인근에 수전水田과 정미소를 설립 경영.

6월 3편의 논문이 실린 책을 석판인쇄로 출판.

1928년   중국국민군과 협상하여 군사학교 부지를 확보하고 옌시산에
게 인허를 얻기 위해 청원서를 작성해 놓았으나, 10월 17일
이해명에게 총을 맞고 절명함.

참고문헌

자료

- 『共立新報』, 『大同公報』, 『新韓民報』, 『新韓國報』, 『國民報』, 『大韓每日申報』, 『皇城新聞』, 『獨立新聞』, 『東亞日報』, 『주간조선』, 『震壇』(잡지), 『密城朴氏族譜』, 이숙자 여사 증언 등.
- 『하와이 주 제1순회법원소장재판문서(Circuit Court of the First Circuit, State of Hawaii)』.
- 『不逞團關係雜件-朝鮮人의 部-在歐米』, 총9책, 국사편찬위원회 한국사데이터베이스.
- 『不逞團關係雜件:朝鮮人의 部-上海假政府』 총6책, 국사편찬위원회 한국사데이터베이스.
- 『不逞團關係雜件:朝鮮人의 部-在滿洲』 총44책, 국사편찬위원회 한국사데이터베이스.
- 『不逞團關係雜件:朝鮮人의 部-在上海地方』 총6책, 국사편찬위원회 한국사데이터베이스.
- 『不逞團關係雜件:朝鮮人의 部-在西比利亞』, 총16책, 국사편찬위원회 한국사데이터베이스.
- 『不逞團關係雜件:朝鮮人의 部-在支那各地』 총4책, 국사편찬위원회 한국사데이터베이스.
- 『韓民族獨立運動史資料集』 총59책, 국사편찬위원회 한국사데이터베이스.
- 『韓國獨立運動史資料』 총38책, 국사편찬위원회 한국사데이터베이스.
- 『한국현대사자료집성』 45 대한인국민회와 이승만(1915~1936년간 하와이 법정자료), 국사편찬위원회, 1999.

- 『미주국민회자료집』 총22책, 도산안창호선생기념사업회·도산학회, 경인문화사, 2005.
- 『도산안창호전집』 총14책, 도산안창호선생기념사업회, 2000.
- 『이화장소장 우남이승만문서(동문편)』 총18책, 우남이승만문서편찬위원회, 1998.
- 강덕상 편, 『현대사자료』, みすず書房, 1966~1967.
- 곽임대, 『못잊어 화려강산』, 대성문화사, 1973.
- 국가보훈처, 『독립운동사자료집』 8권 및 11권, 1974.
- 국회도서관, 『한국민족운동사료(삼일운동편)』 1~3, 1977~1979.
- 국회도서관, 『한국민족운동사료(중국편)』, 1976.
- 김정명 편, 『조선독립운동』, 원서방, 1967.
- 김현구, 『又醒遺傳』(필사본).
- 방사겸, 『방사겸평생일기』, 독립기념관 한국독립운동사연구소, 2006.
- 선우학원, 『아리랑 그 슬픈 가락이여』, 대흥기획, 1994.
- 재호놀룰루제국총영사관, 「布哇朝鮮人事情」 『조선통치사료』 제7권, 1925.
- 전택부, 『인간신흥우』, 대한기독교서회, 1971.
- 정두옥, 『재미한족독립운동실기』, 인하대학교, 『한국학연구』 3 별집, 1991.
- 조선총독부 경무국, 「在外不逞鮮人ノ近情」 『조선통치사료』 제8권, 한국사료연구소, 1921.
- 조선총독부, 『國外ニ於チル容疑朝鮮人名簿』, 1934.
- 조선총독부, 『朝鮮ノ保護及倂合』, 경성, 1918.
- 추헌수 編, 『자료 한국독립운동』 1~4, 연세대 출판부, 1971.
- 독립기념관 한국독립운동사연구소, 『도산안창호자료집』 1~3, 1990~1992.
- 한시순 편, 『대한민국임시정부법령집』, 국가보훈처, 1999.
- Dae-sook Suh, The Writing of Henry Cu Kim : Autobiography with on Syng man, Pak Yong Man, Chung Sun man, Center for Korean Studies, University of Hawaii.

저서

- 김상구, 『범재 김규흥과 3 · 1혁명』, 한국학술정보(주), 2010.
- 김원용, 『재미한인오십년사』, 캘리포니아 리들리, 1959.
- 노재연, 『재미한인사략』, 라성, 1963.
- 류영익, 『이승만의 삶과 꿈』, 중앙일보사, 1996.
- 류영익 편, 『이승만연구』, 연세대학교 출판부, 2000.
- 방선주, 『재미한인의 독립운동』, 한림대학교 아시아문화연구소, 1989.
- 서광운, 『미주한인70년사』, 해외교포문제연구소, 1971.
- 선우학원, 『아리랑 그 슬픈 가락이여』, 대흥기획, 1994.
- 신성려, 『하와이이민약사』, 고려대 민족문화연구소, 1988.
- 안형주, 『박용만과 한인소년병학교』, 지식산업사, 2001.
- 윤병석, 『국외한인사회와 민족운동』, 일조각, 1990.
- 윤병석, 『이상설전』, 일조각, 1984.
- 이현희, 『유일한의 독립운동』, 동방재단, 1995.
- 전택부, 『한국기독교청년회운동사』, 1978.
- 조동걸, 『한국민족주의의 발전과 독립운동사연구』, 지식산업사, 1993.
- 조동걸, 『한국민족주의의 성립과 독립운동사연구』, 지식산업사, 1989.
- 조종무, 『아메리카대륙의 한인풍운아들』, 조선일보사, 1987.
- 존 K. 현, 『국민회약사』, 고대민족문화연구소, 1986.
- 최봉윤, 『떠도는 영혼의 노래』, 동광출판사, 1986.
- 최봉윤, 『미국속의 한국인』, 종로서적, 1983.
- 홍석창 · 홍승하, 『감리교와 역사』, 한국감리교회사학회, 1986.

논문

- 김기승, 「대한독립선언서의 사상적 구조」, 『한국민족운동사연구』 22, 1999.
- 김도형, 「대조선독립단 연구」(미발표원고).
- 김도훈, 「1910년 전후 미주지역 공립협회 · 대한인국민회의 민족운동연구」, 국민대 박사학위논문, 2003.

- 김도훈, 「1910년대 민족운동의 전개 : 해외민족운동-미주」, 『한국사』 47, 국사편찬위원회, 2001.
- 김도훈, 「1910년대 박용만의 정치사상」, 『한국민족학연구』 4, 단국대학교, 1999.
- 김도훈, 「1910년대 초반 미주한인의 임시정부건설론」, 『한국근현대사연구』 10, 1999.
- 김도훈, 「박용만-미주지역 항일무장투쟁론의 선구자」, 『역사에 비춘 한국근현대인물』, 백산출판사, 1994.
- 김도훈, 「朴容萬의 國民皆兵說」, 『군사』 제42호, 국방부 군사편찬연구소, 2001.
- 김도훈, 「일본 외무성의 구미한인동정보고」, 『한국독립운동사연구』 21, 독립기념관 한국독립운동사연구소.
- 김도훈, 「일제의 임시정부 동정보고자료」, 『한국근현대사연구』 27, 한울출판사.
- 김도훈, 「한말·일제초 재미한인의 민족운동론」, 『미주한인의 민족운동』, 연세대학교 국학연구원 편, 혜안출판사, 2003.
- 민병용, 「미주에서의 독립운동사연구」, 『한국독립운동의 이해와 평가』, 한국독립운동사연구소, 1995.
- 박영석, 「한인소년병학교 연구」, 『한국독립운동사연구』 1, 한국독립운동사연구소, 1987.
- 반병률, 「노령 연해주 한인사회와 한인민족운동(1905~1911)」, 『한국근현대사연구』 7, 1997.
- 방선주, 「1921~1922년의 위싱톤회의와 새미한인의 독립청원운동」, 『한민족독립운동사』 6, 국사편찬위원회, 1989.
- 방선주, 「3·1운동과 재미한인」, 『한민족독립운동사』 3, 국사편찬위원회, 1988.
- 방선주, 「미주지역에서 한국독립운동의 특성」, 『한국독립운동사연구』 7, 1993.

- 방선주, 「박용만평전」, 『재미한인의 독립운동』, 한림대학교 출판부, 1989.
- 배경식, 「임시정부 최대 외무총장 박용만 암살사건-공개처형인가, 암살인가?-」, 『역사문제연구』 18, 2007.
- 서대숙, 「미주에서의 투쟁」, 『재발굴 한국독립운동사』, 한국일보사, 1989.
- 서대숙, 「박용만과 그의 혁명과제」, 『한국민족학연구』 4집, 단국대학교, 1999.
- 손보기, 「해외독립운동사」, 『한국현대문화사대계』 8, 고려대학교 민족문화연구소, 1981.
- 안형주, 「박용만의 소년병학교」, 『한국민족학연구』 4집, 단국대학교, 1999.
- 윤병석, 「1910년대 미주지역 한인사회의 동향과 조국독립운동」, 『두계이병도박사구순기념한국사학논총』, 1987(『국외한인사회와 민족운동』, 일조각, 1990에 재수록).
- 윤병석, 「1910년대 미주지역에서의 조국독립운동-한인소년병학교와 숭무학교·대조선국민군단사관학교를 중심으로-」, 『국외한인사회와 민족운동』, 일조각, 1990.
- 윤병석, 「국외 한국인의 역사와 문화, 사회에 관한 기초적 연구(I)」, 『한국학연구』 2 별집, 인하대학교 한국학연구소, 1990.
- 윤병석, 「미주한인사회의 성립과 민족운동」, 『국외한인사회와 민족운동』, 일조각, 1990.
- 윤병석, 「박용만의 상무운동과 북경군사통일회의」, 『중국에서의 항일독립운동』, 한중교류연구중심, 2000.
- 이명화, 「1910년대 재러한인사회와 대한인국민회의 민족운동」, 『한국독립운동사연구』 11, 1997.
- 조규갑, 「재미한인 독립운동의 지주, 박용만」, 『역사의 인물』 8, 일신각, 1979.
- 조규태, 「박용만의 중국에서의 민족운동」, 『한국민족운동사연구』 45, 2005.
- 조규태, 「북경 '군사통일회의' 조직과 활동」, 『한국독립운동사연구』 15, 독립기념관, 2000.

- 조동걸, 「임시정부 수립을 위한 1917년도의 '대동단결선언'」, 『한국민족주의의 성립과 독립운동사연구』, 1989, 지식산업사.
- 최기영, 「구한말 미주의 대동보국회에 관한 일고찰」, 『박영석교수화갑기념한민족독립운동사논총』, 1992.
- 최영호, 「박용만-문무를 겸비한 비운의 민족주의자-」, 『한국사시민강좌』 47, 일조각, 2010.
- 최영호, 「이승만과 하와이 교포사회」, 『이승만의 독립운동과 대한민국 건국』, 현대한국학연구소, 1998.
- 한규무, 「상동청년회에 대한 연구, 1897~1914」, 『역사학보』 126, 1990.
- 한규무, 「현순(1878~1968)의 인물과 활동」, 『국사관논총』 72, 1992.
- 홍선표, 「1910년대 후반 하와이 한인사회의 동향과 대한인국민회의 활동」, 『한국독립운동사연구』 8, 독립기념관 한국독립운동사연구소, 1994.

찾아보기

미 대륙의 항일무장투쟁론자 박용만

1판 1쇄 인쇄 2010년 12월 10일
1판 2쇄 발행 2020년 8월 15일

글쓴이   김도훈
기 획   독립기념관 한국독립운동사연구소
펴낸이   주혜숙
펴낸곳   역사공간
          주소: 04000 서울특별시 마포구 동교로19길 52-7 PS빌딩 4층
          전화: 02-725-8806
          팩스: 02-725-8801
          E-mail: jhs8807@hanmail.net
          등록: 2003년 7월 22일 제6-510호

ISBN 978-89-90848-81-9 03900

역사공간이 펴내는 '한국의 독립운동가들'

독립기념관은 독립운동사 대중화를 위해 향후 10년간 100명의 독립운동가를 선정하여,
그들의 삶과 자취를 조명하는 열전을 기획하고 있다.